論壇 21

東亞區域經濟整合與中韓FTA挑戰

Regional Economic Integration in East Asia and the Challenges of the China-Korea FTA

陳德昇 主編

王悅媛　呂冠頤　杜巧霞

李　淳　徐遵慈　莊　芮 合著

陸建人　陳德昇　譚瑾瑜

編者序

　　這本論文集，主要是近年兩岸學人研討FTA與區域經濟整合議題匯編。當前正值中韓FTA生效對臺產業衝擊，加之連月出口衰退，也引發對臺經濟發展與國際經貿生存空間之關切。如何應對臺灣參與區域經濟整合之挑戰，朝野與產官學界都責無旁貸。

　　本書共分三大部分，第一部分是理論與策略。呂冠頤「FTA與區域經濟整合：理論、策略與反思」文章，主要在理論層次提出對東亞國家參與FTA動機的解釋，並指陳經濟決定論和骨牌競爭論之觀點，為區域整合可能性提供正面願景。不過，國際權力政治論與依賴分散化理論，則顯示政府間互信不足、國內政治對決策的影響，以及政經安全風險考量，皆可能使東亞區域整合發展有其局限性。

　　杜巧霞「RCEP參與和兩岸互動」，由全球價值鏈的觀點進行分析。文章指出，依OECD／WTO於2013年發布附加價值貿易統計顯示，臺灣出口附加價值貿易中有71%為中間財，顯示臺灣在此供應鏈參與程度高，能否取得公平競爭機會亦與臺灣經濟發展有密切關係。杜文強調：亞太區域經濟整合應基於經濟目的，給予所有成員公平、合理及不歧視之參與機會，從而有助於強化供應鏈體系之運作效率，以及維護區域和平與繁榮。

　　徐遵慈在「東亞區域經濟整合與發展：臺灣策略與觀點」一文指出：雖然我國與東亞諸國經貿關係深遠，但因遲未簽訂雙邊FTA，亦無法參加「東協加一」FTA，因此飽受關稅「差別待遇」之苦，以及其它貿易、投資障礙。當前吾人應運用TPP及RCEP均訂有開放性條款之契機，爭取參加東亞區域整合，持續推動雙邊FTA。現階段吾人亦應檢視我與東協

經貿關係，協助臺商在東協布局，及早因應東協深度整合及RCEP參與。此外，大陸當局若表達支持我方參與RCEP言論，亦有助消除東協國家疑慮，亦有助兩岸經貿談判之良性互動。

第二部分中韓FTA與RCEP發展。李淳在「中韓FTA之內涵與臺灣的挑戰和因應」文章中強調：雖然中韓FTA具備分階段到位及「與時俱進」的特質，但是其自由化的程度在未來幾年內相繼實現，臺灣不應掉以輕心。此外，由於兩岸推動服貿與貨貿協議困難與內政矛盾，雙方經貿互動或可在已簽署協議中，提供類似中韓FTA的效果。

陳德昇在「中韓FTA與兩岸ECFA運作」一文中，透過政府再造與決策運作比較觀點，分析我與韓國FTA簽署成效差異的成因和效應。韓國組織再造相對成功，以及未有外部阻力，加之政策說服、人才和智庫整合，以及內部政策運作和意志明確，皆是造成雙方績效不同之原因。此外，近年我與星加坡、紐西蘭洽簽FTA成功，亦得力於兩岸ECFA先簽署完成。未來參與區域整合我內部市場開放，迎接國際競爭挑戰，也是刻不容緩。

杜巧霞在「RCEP與東亞區域經濟整合：趨勢與挑戰」論文中認為：RCEP整合模式較具彈性，且屬漸進式。不過，臺灣參與RCEP應視為臺灣產品在國際市場公平競爭的機會，也應認知我方必須採取同步與漸進開放市場，規避市場風險與衝擊。另透過開放政策運作期能提升資源使用效率，進而能強化臺灣競爭力。

第三部分主題為「東亞區域經濟整合與臺灣因應」。徐遵慈在「東亞區域經濟整合：臺灣的機會與挑戰」文章指出，東亞國家加速經濟整合有助臺灣經濟出口，然若未及時加入，臺灣優勢將會弱化，且影響臺灣供應鏈地位。未來對「亞太自貿區」參與，亦符合經濟整合參與和國家利益。

外經貿大學師生莊芮與王悅媛的「東亞區域經濟整合：困境與路徑」文章指出：RCEP與TPP競合發展令東亞區域經濟整合面臨平衡、制約與挑戰。依當前形勢觀察，TPP進程較快，RCEP內部整合難度較高。未來

東亞區域整合路徑選擇有三。一是深化「10+1」合作；二是推進RCEP建設；三是透過APEC平臺推動「亞太自貿區」發展。

　　長期鑽研區域經濟整合之大陸學者陸建人在「實現亞太自貿區路徑分析」中指出五條路徑：一是經由TPP實現FTAAP；二是經由RCEP實現FTAAP；三是將TPP和RCEP融合成FTAAP；四是透過APEC內部RTAs／FTAs整合實現FTAAP；五是與茂物目標的實施相結合，分階段實現FTAAP。作者認為前三條路徑可能性不大，後兩條則有一定可能，尤其是第五條最符合APEC方式，但也有難度。

　　譚瑾瑜在「臺灣在亞太區域經濟整合中的挑戰與因應策略」文章指出：亞太地區RCEP與TPP應表達積極參與之意願。其中RCEP可推動以外部經濟夥伴方式直接加入多邊談判，以最短途徑為目標。此外，透過可行性研究和雙邊諮商等方式積極洽簽雙邊FTA，以融入全球經濟整合。不過，由於RCEP參與不如預期，加之兩岸服貿與貨貿執行不順，都是融入全球市場之挑戰。

　　本書編輯與出版要感謝印刻出版社之協助，尤其是鄭百合、鄭嫦娥兩位小姐辛勤編校，在此表示感謝。期許這本新編著作，能在臺灣因應FTA議題，找尋更多參與的智慧和因應之道。

陳德昇

2015/12/12

重要名詞解釋

APEC（Asia-Pacific Economic Cooperation簡稱）
亞太經濟合作會議

中國大陸稱「亞太經合組織」。1989年由澳洲總理霍克（Robert Hawke）倡議而成立的亞太區域政府間組織，旨在藉由亞太地區各會員經濟體（Member Economies）政府部門與企業代表的對話與自願性之自由化承諾，促進亞太區域經濟成長與發展。APEC成立時共有12個創始成員，我國於1991年以Chinese Taipei名稱，與中國大陸及香港同時加入。目前APEC計有21個會員體，近年已凍結新會員之申請。

APEC是亞太地區最重要的區域官方經濟合作組織之一，成員涵蓋東北亞、東亞、東南亞、大洋洲、北美及中南美地區，成員總人口占全球4成左右，國內生產毛額合計占全球近5成5，貿易總額占全球比重超過4成，並每年召開各經濟體領袖會議，討論議題幾涵蓋絕大多數經貿事務。APEC是我國目前實際參與最重要國際組織之一。

ASEAN（The Association of Southeast Asian Nations簡稱）
東南亞國家協會

簡稱東協，中國大陸稱東盟。1967年8月8日在曼谷成立，5個創始會員國為印尼、馬來西亞、菲律賓、新加坡及泰國。東協成立初期，基於冷戰背景，主要任務之一為防止區域內共產主義勢力擴張，合作側重在軍事安全與政治中立，冷戰結束後各國政經情勢趨穩，並接納社會主義國家。其後汶萊、越南、寮國、緬甸、柬埔寨相繼加入，形成東協10國。根據

1967年5國簽署的東協宣言（ASEAN Declaration），東協的宗旨與目標在於：（1）加速該地區的經濟成長、社會進步與文化發展，並（2）在持續尊重該地區各國家的法律規範，以及固守聯合國憲章的原則下，促進該區域的和平與穩定。

2010年，與中國建立中國—東協自由貿易區，為當時全球人口數最多的自由貿易區，其後陸續與日、韓國、紐西蘭、澳洲及印度建立自由貿易區。2015年11月22日，東協十國於馬來西亞召開的第二十七屆高峰會簽署共同聲明，宣布東協已整合及邁入東南亞經濟共同體（AEC）。共同體於同年12月31日正式上路。

ECFA（Economic Cooperation Framework Agreement簡稱）
海峽兩岸經濟合作架構協議

大陸稱「海峽兩岸經貿合作框架協議」。兩岸於2010年6月29日簽署之貿易協議。此協議為兩岸40年來首次建立制度性之貿易整合機制，內容包括商品貿易（排除關稅和非關稅障礙）、服務貿易、投資保障、智慧財產權、防衛措施、經濟合作、經貿爭端的解決機制等，但其性質屬於架構性之協議，後續將進行貨品貿易、服務貿易、投資及爭端解決機制之談判，始能成為一完整之FTA。

貨品貿易早期收穫計畫已於2011年1月1日起開始實施降稅，服務貿易早期收穫部門及開放措施亦同時實施，ECFA早收清單，臺灣爭取貨品貿易商品共539項，大陸則有267項。2013年1月1日起早期收穫計畫全部產品已降為零關稅。根據統計至2015年上半年，我對大陸出口已累計減免關稅26.08億美元，我自大陸進口至2015年10月已累計減免關稅2.94億美元。

FTA（Free Trade Agreement簡稱）
自由貿易協定

　　是兩國或多國所簽訂的國際協定，目的在促進經濟整合，消除貿易障礙（例如關稅、非關稅措施等），以允許彼此間貨品、服務、投資等生產要素能夠自由流動。

　　傳統的FTA係以貨品降稅為主，但晚近的FTA範圍逐漸擴大，涵蓋服務業、投資、法規調和及環境、勞工等事務。美國主導的「跨太平洋夥伴協定」更號稱為「21世紀的新一代FTA」，其內容涵蓋貨品貿易、原產地規則、海關手續、衛生和植物檢驗檢疫（SPS）、技術性貿易障礙（TBT）、防衛措施、電信、金融服務、投資、自然人／商務人員移動、競爭、政府採購、透明度、智慧財產權、貿易救濟、爭端解決等。

　　相較於FTA，經濟合作協定（Economic Cooperation Agreement, ECA）雖為不同名稱，但實質性質與FTA相同，惟其較強調經濟合作，涵蓋範圍亦較廣。

FTAAP（Free Trade Area of the Asia-Pacific簡稱）
亞太自由貿易區

　　亞太自由貿易區是指APEC會員體提出未來經濟整合之目標，即在APEC現有21個經濟體內形成一涵蓋亞太地區主要經濟體的自由貿易區，將降低彼此關稅與非關稅障礙，以及進行服務業、投資等自由化。

　　APEC在1994年通過「茂物宣言」，提出將在2010、2020年前實現已開發會員及開發中會員達成貿易和投資自由化的目標。為持續自由化動能，2010年APEC橫濱領袖宣言通過「達成FTAAP之途徑（Pathways to FTAAP」之重要文件，2012年APEC海參威領袖宣強調FTAAP是進一步推動經濟整合之重要工具，2013年APEC峇里領袖宣言再度重申達成FTAAP之承諾。2014年大陸主辦APEC期間，積極推動FTAAP倡議，通過在貿易

暨投資委員會（CTI）下成立「區域經濟整合暨FTAAP主席之友」，目前APEC已展開研析FTAAP內容與可行性之研究。

GATT（General Agreement on Tariffs and Trade簡稱）
關稅及貿易總協定

在第二次世界大戰後，為重建經濟秩序，美國於1947年在古巴哈瓦那舉行聯合國貿易暨就業會議，會中提出成立國際貿易組織的構想。1948年3月，「國際貿易組織憲章」在各國折衷協商後完成草簽，但由於草案牽涉範圍甚廣，而各國經濟利益互異，未能順利完成批准。美國有鑒於國際貿易組織之成立非短期內能夠實現，決定先將國際貿易組織憲章草案中有關關稅及貿易部分抽出，由23個國家另簽署「關稅及貿易總協定」，以確保關稅談判之成果。

「關稅及貿易總協定」於1948年1月1日生效，1995年1月1日其條文轉為世界貿易組織(WTO)架構下之一部分。該協定建立貨物貿易之多邊服務，包括不歧視原則、透明化、反傾銷稅及平衡稅、關稅估價、進出口費用及手續、原產地、數量限制、收支平衡規定、補貼、國營企業、對進口實施之緊急防衛措施、關稅同盟及自由貿易區等相關義務。其第四篇於1964年新增，排除開發中國家互惠性貿易減讓之義務。

RCEP（Regional Comprehensive Economic Partnership簡稱）
區域全面經濟夥伴協定

中國大陸稱「區域全面經濟夥伴關係協定」。2011年11月第19屆東協高峰會（ASEAN Summit）通過「東協區域全面經濟夥伴關係架構」，主要目的在深化以東協為核心之區域經濟整合，並邀請中國大陸、日本、韓國、紐西蘭、澳洲及印度等6個對話夥伴國共同參與。2012年11月第21屆東協高峰會發表「啟動RCEP談判聯合聲明」，宣布自2013年展開諮商，

原定於2015年底前完成談判。RCEP於2015年底已完成10回合談判，並召開部長級會議，談判議題涵蓋貨品、服務、投資、能力建構等事務，預計可於2016年完成。RCEP涵蓋人口總數達33億，如能順利簽署，將成為全球涵蓋人口最多的FTA。

TPP（Trans-Pacific Strategic Economic Partnership Agreement簡稱）
跨太平洋夥伴協定

中國大陸稱「跨太平洋夥伴關係協定」。APEC成員發起，從2002年開始醞釀的一組多邊關係的自由貿易協定，旨在促進亞太區的貿易自由化。「跨太平洋夥伴協定」第一條一款三項規定：「本組織支持亞太經濟合作會議，促進自由化進程，達成自由開放貿易之目的。」

「跨太平洋夥伴協定」宣示將推動「高品質、高標準、涵蓋範圍廣泛」之21世紀FTA典範。目前成員包括美國、日本、加拿大、澳洲、紐西蘭、新加坡、馬來西亞、越南、汶萊、墨西哥、智利及秘魯等12國，已於2015年10月5日宣布完成談判。

WTO（World Trade Organization簡稱）
世界貿易組織

於1995年1月1日成立，其前身為「關稅及貿易總協定」(GATT)及其秘書處。GATT烏拉圭回合談判於1993年12月15日達成最終協議，決定成立WTO。1994年4月各國部長在摩洛哥馬爾喀什(Marrakesh)集會，簽署「烏拉圭多邊貿易談判蔵事文件」(Final Act the Results of the Uruguay Round of Multilateral Trade Negotiations)及「馬爾喀什設立世界貿易組織協定」。WTO依上述之協定成立，總部設於瑞士日內瓦，截至2015年4月止共有161個會員。

「關稅及貿易總協定」為WTO管轄最主要之協定，其他還有兩個

主要協定：「服務貿易總協定」及「與貿易有關之智慧財產權協定」。WTO係一討論貨品、服務業及智慧財產權等議題、談判及解決問題之組織，其功能包括管理及執行轄下多邊及複邊貿易協定、作為多邊貿易談判之場所、尋求解決貿易爭端、監督各國貿易政策，並協助會員進行協定之技術合作等。

　　我國於1990年1月1日依據GATT第33條規定，以在對外貿易關係上具自主權地位的「台灣、澎湖、金門及馬祖個別關稅領域」向GATT秘書處提出入會申請，歷經多年努力，終於在2001年完成各項雙邊與多邊入會經貿諮商。WTO第四屆部長會議於2001年11月11日通過採認我國入會案，並於12月2日致函WTO秘書長確認接受我國入會議定書。經過30天之等待期後，終於2002年1月1日成為WTO第144個會員。

目錄

編者序／iii

重要名詞解釋／vi

（一）理論與策略

1. FTA與區域經貿整合：理論、策略與反思／呂冠頤／3

2. RCEP參與和兩岸互動——從全球價值鏈的角度分析／杜巧霞／35

3. 東亞區域經濟整合與發展：臺灣策略與觀點／徐遵慈／57

（二）中韓FTA與RCEP發展

1. 中韓FTA之內涵與臺灣的挑戰和因應／李淳／81

2. 中韓FTA與兩岸ECFA運作——政府再造與決策運作挑戰／
陳德昇／105

3. RCEP與東亞區域經濟整合：趨勢與挑戰／杜巧霞／125

（三）東亞區域經濟整合與臺灣因應

1. 東亞區域經濟整合：臺灣機會與挑戰／徐遵慈／149

2. 東亞區域經濟整合：困境與路徑／莊芮、王悅媛／173

3. 實現亞太自由貿易區路徑分析／陸建人／187

4. 臺灣在亞太區域經濟整合中的挑戰與因應策略／譚瑾瑜／201

作者簡介（按姓氏筆畫排列）

王悦媛

　　對外經濟貿易大學世界經濟專業碩士，主要研究專長：兩岸經貿研究。

呂冠頤

　　美國維吉尼亞大學政治學博士，現任瑪麗華盛頓大學政治與國際事務學系訪問助理教授，主要研究專長：國際政治經濟與安全、區域組織與經濟整合。

杜巧霞

　　維吉尼亞大學經濟所博士班研究，現任中華經濟研究院WTO及RTA中心研究員，主要研究專長：國際貿易、國際組織、區域經濟整合。

李淳

　　澳洲國立大學公共政策博士，現任中華經濟研究院WTO及RTA中心副執行長，主要研究專長：WTO及服務貿易法、兩岸及區域經濟整合法制、數位匯流政策。

徐遵慈

　　東吳大學法律研究所碩士，現任中華經濟研究院臺灣東協研究中心主任、副研究員，主要研究專長：國際組織、國際經貿法、亞太區域研究、性別議題。

莊芮

　　中國人民大學經濟學博士，現任對外經濟貿易大學國際經濟研究院教

授兼副院長，主要研究專長：國際經濟關係、中國對外貿易、臺港澳經濟。

陸建人

中國人民大學經濟學博士，現任廣西大學中國-東盟研究院首席研究員，主要研究專長：亞太經濟與區域合作、TPP、RCEP。

陳德昇

政治大學東亞研究所博士，現任政治大學國際關係研究中心研究員，主要研究專長：中國政治發展、地方治理、兩岸經貿與臺商研究。

譚瑾瑜

中央大學經濟學博士，現任臺灣經濟研究院兩岸發展研究中心研究員兼副主任，主要研究專長：兩岸經濟、大陸經濟、區域經濟。

理論與策略

FTA與區域經貿整合：理論、策略與反思

呂冠頤

（瑪麗華盛頓大學政治與國際事務學系訪問助理教授）

摘要

自1990年代以來，雙邊暨多邊自由貿易協定（Free Trade Agreements, FTAs）的興起於全球蓬勃發展，自貿協定簽署成立的速度創下二戰結束以來的高峰。東亞國家亦積極參與自貿協定的簽訂，並倡議「東協加三」乃至「東協加六」等多層次的區域談判框架；近年更推進全面區域夥伴協議（RCEP）的談判，尋求泛東亞區域整合的契機。

本文回顧主要理論對東亞國家參與FTA動機的解釋，以及FTA對區域產業分工化（regionalization）和區域主義（regionalism）進程影響上的辯論。本文指出經濟決定論和骨牌競爭論，強調國家重經濟福祉極大化的考量，及國家間經濟依賴、產業分工和跨國利益團體對FTA和區域整合的推力。此番論述為區域整合的可能性提供了正面的願景，認為伴隨的經濟規模、投資與貿易果效將帶來強大的政策磁吸力。國際權力政治論、國內政治學派、依賴分散化理論等提出的解釋，卻凸顯了東亞區域整合面臨的現實與阻力。這些理論顯示，政府間互信的不足、國內政治過程對政策理性產出的限制，以及對政經安全過度曝險的疑慮，疊層架屋的FTA遂可能使東亞區域主義的發展受限。

關鍵詞：自由貿易協定、區域整合、東亞區域主義、分散化理論、經濟依賴

壹、區域整合潮流與東亞國家的參與

　　1990年代中期開始，區域自由貿易協定（Free Trade Agreement, FTA）的興起於全球蓬勃發展，自貿協定簽署成立的速度創下自二次大戰結束以來的高峰。此波高峰無論在FTA簽訂成立的速度、數量、參與國家的數量組成，乃至FTA整合議題的深度和廣度，都要遠過於以往。首先，根據統計，在世界貿易組織（World Trade Organization, WTO）前身關稅與貿易總協定（General Agreement of Tariffs and Trade, GATT）於1948至1994年成立近50年期間，向關貿總協定提出通報的FTA總共達123件，在1990年，通報生效者約70件；然而，在WTO成立後的1995年到2014年1月止，獲通報的FTA數目已達538件，其中已生效執行執行的FTA數目達377件（圖一）。[1] 第二，不同於以往自貿協定的產生多為包含兩國以上的多邊協定，並多集中於已開發國家之間。在此波風潮中，開發中國家間FTA的成立成為簽署主力，且多呈現雙邊協議的形式（圖二）。再者，目前部分FTA的簽署已跨越所謂傳統的區域內協議，乃由分屬不同地理區域的國家，組成跨區域性的FTA（cross-regional FTA, CRFTA），其數量甚至超越區域內FTA的數量（見圖三）。第三，不同過去多數FTA重在關稅的減讓，此波FTA涵蓋的範圍擴及貨物、服務貿易流通和投資自由化，更廣泛觸及非關稅、貿易與投資便捷化等境內壁壘（behind-the-border）障礙的消除，和超WTO（WTO－PLUS）議題上的合作，故現階段FTA的內容發展更在促進全面性的經濟夥伴關係。[2]

---

[1]　World Trade Organization Secretriat, http://www.wto.org/english/tratope/region_e/regface.htm.

[2]　廖舜右，「區域整和與戰爭之關連性分析」，國防雜誌，第23卷第5期（2008年10月），頁6~16。

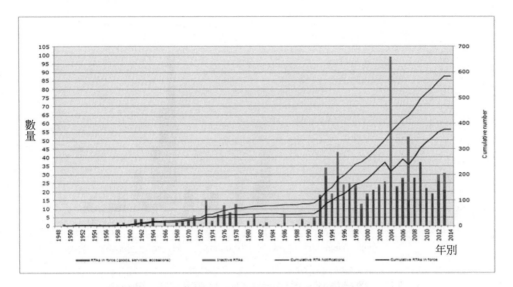

圖一　1948至2013年向GATT/WTO通報的RTA

資料來源：WTO。

■ 已生效FTAs　■ 未生效的FTAs　── 未累計已通知的FTA數　── 未累計已生效的FTA數

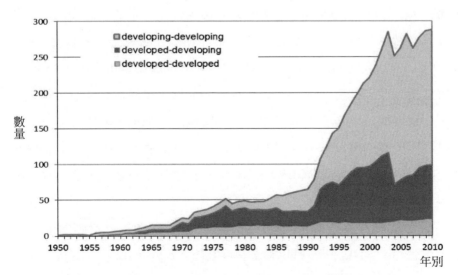

圖二　1950至2010年，累計生效FTAs（依國家開發程度分類）

資料來源：WTO。

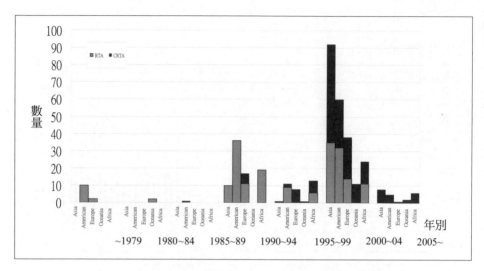

圖三　累計區域和跨區域FTA，依區域與時間區分

資料來源：Solís Mireya and Saori N. Katada, "Understanding East Asian Cross-Regionalism：An Analytical Framework," *Pacific Affairs*, Vol. 80, No. 2 (2007), p. 234.

　　東亞各國在1990年代後期始積極轉向FTA的參與，不僅相互尋求雙邊和多邊FTA的簽訂，也積極向區域外國家尋求貿易協定的簽訂與談判。根據亞洲開發銀行的統計，迄2013年止，東亞和亞太國家已完成簽署的FTA已達179件，若加上處於談判與研議階段的FTA，總數量可高達約350件。東亞國家也一改過往對區域合作消極排斥的態度，積極倡議所謂「東協加一」、「東協加三」乃至「東協加六」等區域談判框架，其中東協加一的模式已體現於東協與日本、中國大陸及南韓等經濟體間；近年東亞各國更推進全面區域夥伴協定（RCEP）的談判，尋求東亞乃至泛東亞區域整合的契機。

　　近期全球自貿協定的興起、亞太國家的積極參與及對區域整合的倡議，重燃學界對後冷戰時期區域主義崛起（regionalism）及貿易區域（regionalization）的關注。我們尤其關心的是，全球化論述下，國家為何參與FTA，又在何種情況下，國家間易達成FTA的協議？國家對於FTA夥

伴的選擇是否有所偏好？國家參與FTA的動機和FTA夥伴選擇的偏好，是否會影響FTA擴展的方向乃至區域整合的形成？在何情況下，FTA的擴展將有助於區域整合的進一步形成？本文試圖從學理上探討既有文獻對於國家參與FTA的動機、擴展方向及其對區域主義和區域貿易化的促成影響，以探究近期東亞區域整合的可能性發展。

貳、影響國家締結自貿協議的因素與對區域整合的影響

現有理論中，偏向以經濟動機和福祉極大化的理論角度，多從經濟利益的計算角度說明國家參與FTA的動機，並對區域整合的可能性及影響有較正面的評估。相對於前述學派對經濟規模與效應的重視，政治權力派則強調國內政治或是國際權力因素對國家參與FTA動機、FTA擴展及區域整合發展的可能影響。國際權力政治論、國內政治學派、依賴分散化理論等提出的解釋，卻凸顯了東亞區域整合面臨的現實與阻力。這些理論顯示政府間互信的不足、國內政治過程對政策理性產出的限制，以及對政經安全過度曝險的疑慮，故對區域整合趨勢有較悲觀的判斷。

一、經濟決定論與骨牌理論

強調經濟決定論者認為，促使國家參與FTA的動機，在於極大化國家總體經貿福祉。Jacob Viner提出區域貿易協定對成員國福祉的影響，將取決於總體的貿易創造效應（trade creation effect）是否大於貿易轉移效應（trade diversion effect）。倘若FTA能替成員國帶來更高效率低成本的產品、擴大消費者福祉和規模經濟，又不至過度排擠來自非成員國具更低生產成本的產品時，便能極大化貿易創造效應，促使國家尋求此FTA的簽訂。[3]

---

[3] Jacob Viner, *The Customs Union Issue* (New York: Carnegie Endowment for International Peace, 1950).

　　基於貿易創造和轉移效果的概念，相關研究提出所謂的「自然貿易夥伴」，即地理位置鄰近的國家，受惠於低運輸成本而便利貿易，若簽署FTA更能受惠於貿易創造效果，並降低移轉效應對成員和非成員國不利的貿易條件。[4] 實證研究檢視經濟動機和自然貿易夥伴對FTA的參與影響，發現地理距離和經濟體大小對促成區域內貿易（intra-regional trade）量的多寡有顯著相關性，而區域內鄰近國家所組成的貿易區塊（regional trading group）往往多有助經貿福祉的極大化。[5] Baier和Bergstrand於2004年、和Bergstrand, Egger與Larch在2010年的研究也指出，國家間地理位置越接近、國家經濟體GDP規模越大和越近似、生產要素差異性越大，FTA將創造高貿易效果，其所簽訂的FTA也越有可能擴大促成區域整合。[6]

　　相應於經濟理論與實證模型，亦有學者進一步探討經濟利益的考量如何內化至國內決策過程，說明全球化下國家經濟依賴程度、產業分工結構、FTA興起等因素，如何改變政府和特定利益團體對FTA參與的偏好。其中一派認為，基於政府對政治責任的考量，多數政府會傾向參與FTA來提升國家的總體福祉，民主國家數目的增加和民選政府對選票極大化的追求，對近期FTA的興起有推波助瀾的作用。[7] Milner和Kubota則提出：1970至1990年間民主化浪潮下誕生的許多新興民主國家，對1990年代FTA的大

---

[4] Arvind Panagariya, "Preferential Trading and the Myth of Natural Trading Partners," *Japan and the World Economy*, Vol. 9, No. 4 (1997), pp. 471-489.

[5] Jeffrey Frankel, Ernesto Stein, and Shang-Jin Wei, "Trading Blocs and the Americas: The Natural, the Unnatural, and the Super-Natural," *Journal of development economics*, Vol. 47, No. 1 (1995), pp. 61-95.

[6] SL Baier, and JH Bergstrand, "Economic Determinants of Free Trade Agreements," *Journal of International Economics*, Vol. 64, No. 1 (2004), pp. 29-63; Jeffrey H Bergstrand, Peter Egger, and Mario Larch, "Economic Determinants of the Timing of Preferential Trade Agreement Formations and Enlargements," Notre Dame, University of Notre Dame, Working Paper (2010).

[7] PK Goldberg and G. Maggi, "Protection for sale: an empirical investigation" *American Economic Review* Vol. 89, No. 5 (1999), pp. 1135–1155.

量崛起有正相關性；因新興民主政府考量選票極大化並為提高執政正當性，會以加入FTA，作為促進民生福祉和避免政策受不理性因素箝制的一種承諾表現。[8]

相較於政府的決策角色，FTA的興起，促成一股骨牌或感染效應（domino/ contagious effect），[9]改變不同利益團體間對公共政策產出的影響力。一是海外FTA的增加，強化外向型產業向政府遊說FTA的動機和集體行動力；[10]二是非成員國政府為減緩FTA貿易和投資移轉的經濟損失和政治壓力，也更願回應主要利益團體的要求而主動尋求加入FTA。FTA的興起遂對各國政府形成一種競爭性壓力，強化支持FTA的政府官僚和產業團體的聯繫，增加該陣營的政策議價能力。[11]

骨牌壓力對國家FTA夥伴的偏好、對區域整合走向的可能性影響又如何呢？總體而言，國際利益團體模式認為，FTA更易形成於區域國家間與互賴程度高的國家間，FTA可大幅減少關稅與非關稅壁壘，以利成員國產業強化競爭力，並排除競爭對手國在主要貿易國的市場優勢。[12]此外，鑒

---

[8]　Helen V. Milner, and Keiko Kubota, "Why the Move to Free Trade? Democracy and Trade Policy in the Developing Countries," *International Organization*, Vol. 59 (Winter 2005), pp. 107-143.

[9]　Richard Baldwin, and Dany Jaimovich, "Are Free Trade Agreements Contagious?," *Journal of International Economics*, Vol. 88, No. 1 (2012), pp. 1-16.

[10]　RE Baldwin, "The Causes of Regionalism," *The World Economy*, Vol. 20, No. 7 (1997), pp. 865-888; Saadia M Pekkanen, Mireya Solís, and Saori N Katada, "Trading Gains for Control: International Trade Forums and Japanese Economic Diplomacy," *International Studies Quarterly*, Vol. 51, No. 4 (2007), pp. 945-970.

[11]　Vinod K. Aggarwal, and Seungjoo Lee, "The Domestic Political Economy of Preferential Trade Agreements in the Asia-Pacific," *Trade Policy in the Asia-Pacific* (Spring, 2011), pp. 1-28; Edward D. Mansfield, and Etel Solingen, "Regionalism," *Annual Review of Political Science*, Vol. 13 (2010), pp. 145-163.

[12]　M. Manger, "Competition and Bilateralism in Trade Policy: The Case of Japan's Free Trade Agreements," *Review of International Political Economy*, Vol. 12, No. 5 (2005), pp. 804-828.

於全球化下產業貿易鏈的擴展，Milner認為區域經濟整合有助規模經濟的最適化，並使區域產業透過區域FTA創造的優惠條件，於區域市場得到充分的競爭優勢。區內產業受惠於區內市場與產業規模的擴大，進而能更有利逐鹿全球市場。[13] Chase在2003年的研究亦得到相似結論，但他分析市場與產業規模經濟的擴大如何影響利益集團的集體行動。他發現北美自貿區之能形成，在於NAFTA的支持團體，其相關產業的受雇人數與經濟產出，因占美國總體經濟份額相對龐大，故對政府決策占決定性影響。[14] 根據WTO在2011年針對全球自貿協定趨勢所做的評估，也初步認為產業貿易鏈的形成是促成各國積極尋求雙邊和區域型FTA的主因。當國家的貿易依賴與產業規模達到一定程度時，其內部產業會推促政府向主要貿易夥伴尋求FTA，不僅為消除關稅壁壘，更在排除非關稅壁壘以促更制度化的深度整合。[15]

二、政治權力派

政治權力派認為，自然貿易夥伴的成形，並不一定是鄰近地理位置促成的結果，往往是先前政策因素與優惠條件，使某些國家享有整合深化的可能性。又即使成員國間地理鄰近使運輸交易成本相當低，許多貿易區塊，事實上可能帶來更多貿易移轉效果，因成員國事實上與區域外非成

---

[13] Helen Milner, "Industries, Governments, and the Creation of Regional Trade Blocs" in Edward D. Mansfield, and Helen V. Milner, *The Political Economy of Regionalism* (New York: Columbia University Press, 1997).

[14] K.A. Chase, "Economic Interests and Regional Trading Arrangements: The Case of Nafta, " *International Organization*, Vol. 57, No. 01 (2003), pp. 137-174.

[15] World Trade Organization. *World Trade Report 2011: The WTO and Preferential Trade Agreements: From Co-Existence to Coherence* (Geneva: World Trade rganization, 2011).

員國的貿易關係可能更緊密且具效率性。[16] 因此，FTA甚至貿易區塊的形成，並不總是反映經濟的需求。政治因素如國家政體政制結構、利益團體的組織與影響力，國際權力的變化，以及因依賴關係對政經安全過度曝險的考量，都可能影響國家對FTA簽訂及整合的偏好。

（一）國內政治學派

國內政治學派以國內政治制度（domestic institutions）與政治體制（regimes）為中介變項，分析制度因素如何約制利益團體與政府的互動關係，影響最終政策的輸出。即便是民主國家，其國內政治制度和利益團體結構，可能對政府決策產生很大的限制，使FTA的發展背離經濟理性，延緩區域整合。譬如，國家對FTA夥伴選擇的偏好以及對區域整合的興趣，可能受限於國家政體或政經結構的差異。尤其近期FTA的內涵，包含更深層的政策整合，若政府體制差異過大，不僅政策調整和整合的磨合較大，對體制執行能力的信任程度，都可能使政府對是否尋求FTA產生較大的質疑。

再者，近來許多民主國家均面臨轉型挑戰，新興國家遭遇民主鞏固與深化的轉型陣痛，而發達成熟的民主國家也面臨如何有效整合多元價值的困擾，避免利益團體因過度競爭所帶來的政治紛擾。Grossman和Helpman就認為FTA的簽訂很大程度地將受保護產業團體尋租（rent-seeking）動機的影響。故政府參與FTA時，多傾向和次要夥伴而非主要夥伴簽訂FTA，因此種次佳化和效率相對低落的FTA，能提高受保護產業的尋租機會，或更能在FTA中被排除於開放項目之列，反之若與主要貿易國簽訂FTA，弱勢產業將被迫進一步開放，則政府面對弱勢產業的反抗壓力也將隨之增

---

[16] Jeffrey Frankel, Ernesto Stein, and Shang-Jin Wei, "Trading Blocs and the Americas: The Natural, the Unnatural, and the Super-Natural," *Journal of development economics*, Vol. 47, No. 1 (1995), pp. 61-95.

加。因此經濟果效低的FTA要比能創造高經濟果效的FTA，更容易在國家內部得到支持。[17] Mansfield、Milner和 Pevehouse認為，國內政治體制內「否決點」（veto points）的多寡，將影響政府對FTA的參與甚至是批准的能力。當國內存在越多的否決點或機制，越可能迫使政府向主張保護的產業和陣營讓步，而須修改FTA，或給予更高度的政策補償，甚至推遲FTA的簽訂批准。[18]

（二）國際權力政治論

國際權力政治學派，以國家權力的分配關係和戰略目的來解釋對外經貿政策的變化。霸權理論認為當國際霸權衰退，或其經濟力量的衰退導致對國際多邊貿易體制（如GATT和WTO）主導能力的弱化，將鼓勵霸權國和其他區域國家轉向尋求FTA。一是衰退的霸權和崛起的區域大國可能競相爭取與區域夥伴簽署FTA，以保護本國的貿易利益並鞏固其領導地位，提高抗衡力量。二為了避免權力轉換和國際多邊體制的弱化對經濟帶來不穩定的因素，也鼓勵國家藉由FTA強化經貿聯繫，減緩經濟不確定因素對國家經貿環境的影響。[19] 在權力競爭因素的考量下，政治意識形態相近或具軍事同盟關係的國家，往往較容易簽署FTA，以提升同盟國總體對外抗衡的能力，也可藉此宣示共同對外和同盟關係的緊密性。而敵對國家間由於擔心經貿關係的強化可能帶來外部性的政治不安全，不僅可能弱化既有

---

[17] Gene M Grossman, and Elhanan Helpman, "The Politics of Free-Trade Agreements," *The American Economic Review*, Vol. 85, No. 4 (1995), pp. 667-690.

[18] Edward D Mansfield, Helen V Milner, and Jon C Pevehouse, "Vetoing Co-Operation: The Impact of Veto Players on Preferential Trading Arrangements," *British Journal of Political Science*, Vol. 37, No. 3 (2007), pp. 403-432.

[19] ED Mansfield, and E. Reinhardt, "Multilateral Determinants of Regionalism: The Effects of Gatt/Wto on the Formation of Preferential Trading Arrangements," *International Organization*, Vol. 57, No. 04 (2003), pp. 829-862.

同盟國關係，更可能強化敵對國的政經乃至軍事能力，而威脅到同盟國的政治與軍事安全。故當政治對抗的情勢高漲時，FTA多發生於同盟國間，而非具敵視關係的陣營國間。[20]

另一方面，國家經貿關係透過FTA連結而產生的變化，也可能對政治和軍事安全產生影響。透過FTA強化經貿關係所產生的經貿依賴，可能影響區域的權力關係，甚至是對一國的政治經濟安全產生威脅。今日許多大國也利用經貿關係上的依賴，增加其對小國在政治乃至經濟改革議題上的影響力，甚至對區域整合的偏好態度。[21]譬如Gruber在分析墨西哥參與北美同盟自貿區的決策時，強調墨西哥如何基於美國的壓力和美國區域經貿政策的轉向下，出於無奈之舉而加入。[22]而當區域內較小的國家或經濟體，面對來自區域大國的政治壓力或威脅，也可能透過深化彼此的經貿整合，強化其政治同盟乃至區域內的政治議價能力，反制大國的壓力。

相對於前述認為經貿關係的強化可能增加政治不確定性和安全的外部性，另一理論則認為，透過FTA的安排有助敵對國間的政治妥協和降低軍事衝突的可能性。經濟協議作為一種交往的工具，可強化正面的安全機制。[23]綜上所述，倘若區域國間處於政治對抗或權力競爭的情況下，或有

---

[20] Joanne Gowa, and Edward Mansfield, "Power Politics and International Trade," *American Political Science Review*, Vol. 87, No. 2 (1993), pp. 408-420; Joanne Gowa, and Edward D Mansfield, "Alliances, Imperfect Markets, and Major-Power Trade," *International Organization* (2004), pp. 775-805.

[21] Richard Higgott, "US Foreign Policy and the 'Securitization'of Economic Globalization," *International Politics*, Vol. 41, No. 2 (2004), pp. 147-175; A. Capling, "Preferential Trade Agreements as Instruments of Foreign Policy: An Australia-Japan Free Trade Agreement and Its Implications for the Asia Pacific Region, " *Pacific Review*, Vol. 21, No. 1 (2008), pp. 27-43.

[22] Lloyd Gruber, "Power Politics and the Free Trade Bandwagon," *Comparative Political Studies*, Vol. 34, No. 7 (2001), pp. 703-741.

[23] 其主要的機制在於，第一，可強化國內利益團體的連結並提高進行軍事對抗的經濟成本，從而降低政治敵意和軍事衝突的可能性。第二，FTA也提高了政治的承諾和宣示成本，成員國若任意打破契約規範，將招致區間其他國家的警惕和反制行動。

意以FTA作為政治對抗的籌碼時，區域整合的可能性就大為降低。

（三）依賴分散化論

　　Leu認為，近期國家簽訂FTA的主要考量之一，在分散國家對外經貿關係，避免過度依賴單一或少數經貿夥伴的市場，藉FTA來擴展對外關係，擴大進出口來源並開拓新市場。在企圖分散化依賴關係的前提下，FTA夥伴的偏好選擇，往往並非是主要貿易夥伴，而可能為次要貿易夥伴或是經濟體較小的貿易夥伴，甚至與區域外的次要夥伴形成FTA。Leu的分析結合宏觀貿易戰略結構與微觀國內政治的分析，考量FTA的形成為一種雙層賽局，顯示在何種宏觀與微觀條件下，某些組對國家間更容易達成政策共識，因而更容易也更早形成FTA。

　　從宏觀層次而言，國家擔心經貿的集中依賴可能導致在政經安全上的過度曝險。倘若一國的產業或貿易關係過度集中於單一或少數市場，可能面臨三種不穩定因素：一是該國的經濟穩定性會大幅受到主要貿易國內部政經條件變化的影響；二是若與主要貿易國產生政治經濟爭議，易面臨高度政治壓力；三是若主要貿易國市場條件發生變化而致過度競爭與飽和，將增加該國產業的競爭風險和調整壓力。對貿易依賴可能導致政經曝險的考量也內化至國內政治層次，而影響利益團體和政府政策的偏好。除政府擔心過度或不對稱依賴導致的政經曝險，弱勢產業和優勢產業等利益團體的偏好，也傾向與次要夥伴形成FTA。原因在於決定與主要夥伴國和次要夥伴國簽訂FTA時，弱勢產業對前者的反對力量與聲浪要遠高於後者。貿易往來的頻繁可能導致經濟爭端的增加，使弱勢產業有強大的動機與經驗進行組織性的反對；至於優勢產業，雖有強大的動機利益欲藉FTA進一步優化其在主要貿易夥伴國的競爭優勢，但優勢產業卻也有藉FTA分散和拓展新興海外市場的動機。因此無論從政府、弱勢產業、優勢產業角度而言，與次要貿易夥伴或新興夥伴簽訂FTA面臨的反對聲浪較小，而總體支

持度較大。

　　Leu於是觀察到當組對國家間經貿關係呈現下降或低度發展時，則可能形成FTA；若組對國家經貿關係呈現快速上升，乃至有不對稱依賴關係的形成時，則FTA的形成將有困難度。此外，小型經濟體由於對貿易更為依賴，其貿易結構走向不對稱依賴的機會也較高，因此往往可能會藉由多方簽訂FTA來分散其貿易結構並擴大貿易機會。而大型經濟體間彼此簽訂雙邊FTA的機會最低，因市場規模效應，FTA的簽訂可能加速促成經貿關係的過度依賴與集中。部分區域國家也可能擔心其貿易依賴，過於依賴區域經濟或是區內少數國家，而有向區域外國家簽訂FTA的動機，也使區域整合的進程與深化受限或牛步化。[24]

表一　各理論視角對FTA參與動機與區域整合趨勢預測之差異

	樂觀	悲觀
跨國經濟	經濟互賴自然夥伴論 區域產業分工最適化	政治政策決定自然夥伴走向
國內政治	骨牌理論加持利益團體 選票極大化或消費水平極大化 優勢產業集團占多數	弱勢產業常獲勝 否決點多寡 政體政治差異降低互信
國際政治	－	權力競爭或政治對抗導致區域整合機會低
跨層次 雙層分析	－	分散化經貿結構規避過度曝險、擴展新市場 區域國家對分散化需求不一，整合步伐不一。

---

[24] Guanyi Leu, *Cooperating for Diversification: Partnership Selection In Preferential Trade Agreements in East Asia* (Dissertation: University of Virginia, 2012).

參、東亞區域整合發展的機會與限制

我們藉上述理論背景提供的因素前提，檢驗東亞地區FTA擴展與區域整合的機會和限制。首先，1990年代後期國際政治經濟條件的變化，使東亞各國對擴大區域經貿合作的需求增加，而經濟條件、區域貿易和產業鏈的擴展也提供正面的願景。但經濟條件未構成趨使區域主義形成的充分契機與動能，同時國內與國際政治因素帶來諸多的不確定性，更弱化了經濟條件的正面推進力。

一、促成東亞區域整合的潛在機會與需求

1990年代後期，經濟因素從幾個面向提供了整合的正面推動能量。首先是國際政治經濟環境的改變，如1997年亞洲金融危機後，東亞國家對強化區域經貿與金融合作的政策興趣大增。除藉區域經貿合作論壇擴大合作，穩定危機後的區域經濟，並藉擴大區域貿易與投資刺激經濟復甦，強化預防合作的機制。因而，大多數東亞國家的FTA參與，是在1997年之後呈現顯著性的成長。另也透過泛東亞區域論壇的建立，例如東協加三（ASEAN Plus Three, APT）和東亞峰會（East Asia Summit, EAS），提供進一步制度化區域內對話與議題協作的平台。再者，WTO和亞太經合會（APEC）推動貿易談判的遲滯，也使許多東亞國家欲藉參與FTA作為擴大貿易和刺激經濟成長的政策工具。[25]

就合作的經濟條件和預期的經濟果效而論，東亞區域整合能帶來的經貿前景可期。主因是多數東亞國家彼此地理位置鄰近，貿易結構互補，市場經貿量大，彼此為經濟決定論中假定的自然貿易夥伴。例如Lee和Shin

---

[25] JW Lee, and I Park, "Free Trade Areas in East Asia: Discriminatory or Non-Discriminatory?" *The World Economy*, Vol. 28, No. 1 (2005), pp. 21-48, see page 23.

比較東亞地區內已簽訂和假定的FTA，測驗各FTA對區域內外經濟體帶來的經貿效果，發現東亞地區若能簽訂一個包含東北亞經濟體和東協成員的東亞FTA，不僅會對成員國帶來最大的經貿創造效果，對非成員國帶來的貿易移轉效果則能降到最低。[26]

　　另一個有利的經濟條件是區域內貿易的快速成長，及產業供應鏈在區域內貿易比重的增長。根據前文所述，區域鄰國貿易依存度的增長，可減少區域國家日後面臨整合所需進行的產業調整，降低生產成本，提高民眾的消費能力。此外，產業分工鏈的擴展，代表區域成員國的產業有極大的經濟利益和動機尋求區域性FTA，進一步達到規模經濟的最適化。根據WTO在2011年的統計，以東協加三經濟體為主的東亞地區，從1965至2005年間，其區域內貿易（intra-regional trade）呈現穩定成長，尤其在進口項目中，來自東亞地區進口貿易比重占東亞區內貿易將近百分之六十的比重，區域國對區內貿易進口份額的貢獻比重，要高於其他區域，如歐洲與北美洲。[27] 而在同一時期，2000年代中期，東亞地區基於產業分工而進行的零組件貿易的進出口比重，約占區域內貿易四成（37%）的比重。[28]

　　換言之，東亞國家基於過去金融危機的經驗、東亞區域貿易比重和產業鏈的擴展，都顯示東亞國家內部有條件與需求，擴大對區內國家的出口與區域產業的整合深化。此外，考量東亞國家廣大市場與快速成長的消費

[26] Jong-Wha Lee, and Kwanho Shin, "Does Regionalism Lead to More Global Trade Integration in East Asia?" *The North American Journal of Economics and Finance*, Vol. 17, No. 3 (2006), pp. 283-301, see page 299.

[27] World Trade Organization. *World Trade Report 2011: The WTO and Preferential Trade Agreements: From Co-Existence to Coherence* (Geneva: World Trade rganization, 2011), see pages 71-72.

[28] Prema–Chandra Athukorala, and Jayant Menon, *Global Production Sharing, Trade Patterns, and Determinants of Trade Flows in East Asia* (Metro Manila: Asian Development Bank, 2010), see page 9.

潛力，FTA於區域內外的快速成長，也提高區內產業集團對催促政府加入
FTA和市場整合的推力。[29]

二、挑戰：經濟機會的限制及國際與國內政治因素的不確定性

（一）經濟條件與前景未構成充分驅使新區域主義形成的動能

對於經濟利益決定論最常見的質疑是，基於東亞地區經濟合作的前
景，為何東亞區域整合的速度相對牛步化？事實上，東亞區內的區內貿
易，產業分工的細化和緊密程度遠不下於其他主要區域。根據WTO秘書
處比較1965至2005年不同區域區內貿易趨勢的比較研究，東亞地區的區內
貿易早於1975年便已超越北美地區，甚至於2005至2006間超越歐盟，達到
近總貿易量約60%的程度。Athukorala和Menon的研究指出，零組件貿易
在區內貿易比重越高，顯示區域內進行深化整合的利益則越高。在2005
至2006年，東亞地區零組件貿易占區內貿易量比重達約37%，然而同一
時間北美自貿區和歐盟15國的零組件貿易，僅占其區內貿易量的17.5%與
18%。[30] 換言之，東亞區內經貿依存度早不下於其他主要區域，遠高於北
美自貿區；而歐盟區內貿易的高度發展，更可能是該區多年經貿政策一體
化下推波助瀾的結果。

此外，區內和產業內貿易的擴展，在東北亞經濟體，如中國大陸、日
本與南韓間，發展幅度尤速。中國大陸在2004年取代美國成為日本第一

---

[29] 譬如日本的經團會（Keidanren），為免其海外市場受他國FTA簽訂的影響，便積極遊說政
府制定FTA策略，提升日本企業對外競爭能力。日本在1990年代末期FTA政策的轉向，也開
啟東亞區內其他國家對FTA參與的興趣。

[30] Prema–Chandra Athukorala, and Jayant Menon, *Global Production Sharing, Trade Patterns, and
Determinants of Trade Flows in East Asia* (Metro Manila: Asian Development Bank, 2010), see
page 9.

大貿易夥伴國，2013年日本對中國出口占日本總出口18%，居第一位。[31]
而日本在2013年為中國的第三大貿易夥伴國。中國在2006年取代美國，成
為南韓第一大貿易夥伴、第一大出口市場。2013年中國為南韓第一大貿易
夥伴國，南韓為中國第四大貿易夥伴國。圖四顯示亞洲地區次區域內貿易
比，東北亞區域內貿易比重，遠高於其他次區域。然而弔詭的是，即便東
北亞經濟依賴成長最速，產業互補性亦高，[32] 但整合卻最為緩慢。中國經
濟的快速成長，使中國成為許多東北亞經濟體主要的貿易與出口對象，但
日本和韓國政府對於中國政府早在2002年時提出尋求雙邊FTA貿易談判的

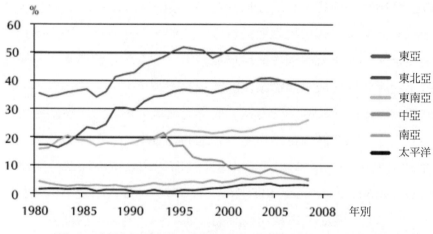

圖四　1980至2008年亞洲地區區域內貿易比（依次區域分）

資料來源：亞洲開發銀行ADB。

---

[31] Trading Economics, "Japan Exports", http://www.tradingeconomics.com/japan/exports.

[32] 吳玲君指出，日本、南韓分屬已開發國家與新興工業化國家，而中國作為開發中國家，三
國間的出口結構不具明顯競爭關係，且在技術、資金、能源、礦產、勞動力、輕重工業和
工農產品之間則具有明顯的互補性。吳玲君，「中國推動東北亞自由貿易區策略：機會
與意願的研究途徑」，遠景基金會季刊，第13卷第2期（2012年4月），頁143~181；參見頁
156~158。

構想，回應相對冷淡。直到2012年11月中國、日本、韓國才決定重啟三方FTA的談判研究。東北亞經濟體中只有臺灣與中國在2010年6月與中國完成簽署《經濟合作架構協議》（Economic Cooperation Framework Agreement, ECFA）並生效。[33]

　　因此，按經濟利益和產業規模效應的考量，東亞地區早應有促成區域FTA的努力，不應落後於其他區域。事實上，雖然東亞國家區內貿易在2000年代中期達到新高峰，然在區域整合未竟之際，區內各國卻紛將心力資源投注到與區外國家簽訂跨區域FTA。根據統計，到2011年止，泛東亞地區與區域外國家簽訂FTA的數目已達24件，而正進行談判階段的跨區域FTA數已達36件，皆要遠高於區域內已簽訂與談判的FTA。[34]此外，因1997年金融危機對東亞國家提供促進合作的契機，在10年後其提供的動能似乎已漸不足。2008年因美國次級房貸風暴引發的全球經濟危機，不僅並未如1997年金融危機促成東亞國家在區域層次尋求更進一步的合作，多數國家或仰賴單邊國內層次的因應方案，或透過區域外體制方案暫緩經濟燃眉之急。[35]此外，即便區內貿易和產業分工的比重增加，但多數分工集中於少數產業，如電子、半導體與通訊零件設備（國際貿易標準分類碼，standard international trade code, SITC76和SITC77），便占了近零組件貿易90%以上。[36]其他產業如汽車和運輸設備等產業內貿易和零組件貿易，在

---

[33] 孫國祥，「論東亞區域主義之政治經濟動能」，全球政治評論，第36期（2011年10月），頁63~92; Guanyi Leu, Cooperating for Diversification: Partnership Selection In Preferential Trade Agreements In East Asia (Dissertation: University of Virginia, 2012), 見頁120。

[34] Mireya Solís, "Global Economic Crisis: Boon or Bust for East Asian Trade Integration?" *The Pacific Review*, Vol. 24, No. 3 (2011), pp. 311-336; see page 322.

[35] Saori N. Katada, "Seeking a Place for East Asian Regionalism: Challenges and Opportunities under the Global Financial Crisis," *The Pacific Review*, Vol. 24, No. 3 (2011), pp. 273-290.

[36] Prema–Chandra Athukorala, and Jayant Menon, *Global Production Sharing, Trade Patterns, and Determinants of Trade Flows in East Asia* (Asian Development Bank, 2010), see page 9.

2005至2006時僅占約5%。同時區內貿易進口端的成長要高於出口端，以2006至2007年為例，分別為62.7%和44.5%，顯示有相當大比例的出口在區域外市場，[37] 而東亞地區內彼此作為終端產品出口市場仍有待開發。或許因產業鏈過度集中於部分產業，及對區域外市場的依賴，也就未能形成如Chase所言的多數集團積極爭取對區域FTA形成的支持。

（二）權力政治與對政經安全過度曝險的擔憂

除卻國際與區域經濟因素尚未能促成區域整合的契機與動能，國內與國際政治因素帶來更多不確定因素，相對也弱化經濟條件的正面推進力。就國際與區域總體層次的角度而言，有研究認為，東亞國家爭相加入FTA是一種政治骨牌效應（political domino effect），在協定夥伴的選擇上和FTA談判的深度上，是以達經濟外交和戰略為目的，避免在區域領導地位上被邊緣化。[38] 尤其中國崛起對東亞政經結構的影響，使區內各國藉由FTA促進經貿關係，乃至政軍安全的動機升高。[39] 一方面是中國藉FTA拓展與東協國家的經貿關係，並強化中國周邊的安全環境；[40] 回應中國的

---

[37] Prema-chandra Athukorala, and Archanun Kohpaiboon, *Intra-Regional Trade in East Asia: The Decoupling Fallacy, Crisis, and Policy Challenges* (Tokyo: Asian Development Bank Working Paper Series, 2009), see page 177.

[38] John Ravenhill, "The New East Asian Regionalism: A Political Domino Effect," *Review of International Political Economy*, Vol. 17, No. 2 (2010), pp. 178-208.

[39] 中國製造能力與消費能力的提升，吸引跨國公司的投資，增加與周邊國家間的經貿與分工聯繫的強化，使中國成為多數國家最大的貿易夥伴，逐漸成為區域經濟的核心，中國在經濟力量上的增長衝擊既有的經濟分工結構並在軍事能力上保有自主性，對傳統東亞對美國經濟與軍事公共財雙重依賴的結構產生衝擊。參見高長、吳瑟致，「中國崛起對東亞區域主義的影響」，遠景基金會季刊，第10卷，第2期（2009年4月），頁1~48；蔡宏政，「如何看待ECFA簽訂的戰略利益──區域經濟分工轉型下的政治經濟分析」，思與言：人文與社會科學雜誌，第49卷，第3期（2011年9月），頁135~165。

[40] 左正東，「中新自由貿易協定的貿易安全連結」，政治學報，第45期（2012年12月），頁81~105。

經濟外交，日本也開展區內FTA政策來鞏固外交領導地位。[41] 東協國家以FTA作為一種經濟交往（engagement）策略，鼓勵中國遵守區域規範，也藉由擴展FTA避免其地位的邊緣化，強化與他國經濟與外交關係，達到政治避險的目的。[42] 在此競爭關係下，也使日本、中國、東協對區域整合框架的成員屬性及開放性，有著不同的政策偏好。而臺灣參與FTA的需求，是面臨兩岸關係的特殊性、區域與國際FTA的擴展對臺灣經貿地位邊緣化的憂慮所做出的反應。[43]

　　依賴分散化論，則進一步理論化FTA與國家政經安全的關係、國家夥伴選擇的策略，與FTA在東亞區域和全球層次發展的走向。此論點認為FTA是國家在全球化互賴深化影響下，出於避免政經安全過度暴險的反向操作。經濟互賴使國家維繫經濟安全的成本升高，因政治緊張與衝突造成間歇性經濟損失的成本也升高。對經濟過度傾斜連結可能造成政經安全的曝險，反使主要貿易夥伴進一步以經濟互賴為手段的意願降低。Leu分析日本—東協、中國—東協、和中國—日本三組組對關係，發現日本—東協與中國—東協的經貿結構因分別處於衰退與低發展的情況，使日本-東協和中國—東協兩組對國家間，都享有藉FTA擴展貿易來分散既有經貿關係的共識，但中國—日本的經貿關係卻有呈現不對稱性的依賴結構，尤其是日本方面對中國出口和經濟依賴的擔心，及政治關係緊張對經濟安全不確

---

[41] Lam Peng Er, "Japan's FTA with Singapore: The China Factor and Regionalism," *Japanese Studies*, Vol. 26, No. 2 (2006), pp. 211-220.

[42] Kuik Cheng-Chwee, "The Essence of Hedging: Malaysia and Singapore's Response to a Rising China," *Contemporary Southeast Asia: A Journal of International and Strategic Affairs*, Vol. 30, No. 2 (2008), pp. 159-185; 左正東，「中新自由貿易協定的貿易安全連結」，政治學報，第45期（2012年12月），頁81~105。

[43] Roselyn Hsueh, "Who Rules the International Economy? Taiwan's Daunting Attempts at Bialteralism,"in Vinod Aggarwal and Shujiro Urata eds., *Bilateral Trade Agreements in the Asia-Pacific: Origins, Evolution, and Implications* (London: Routledge, 2006), pp. 160-183.

定性增加，使雙方無法在FTA簽訂一事上形成共識，故未形成FTA，此也說明為何小泉政府面對中國政府的邀約，選擇迴避談判。[44]

此理論也說明，為何東亞國家會紛向區域外尋求FTA的合作。一方面東亞國家藉擴展區外FTA來分散化對區內既有貿易結構的依賴，擴展進出口來源；區內中小型經濟體，如南韓和東協成員，由於更易對單一或少數市場形成傾斜依賴，故藉FTA戰略尋求多重分散，不僅和區內外大國簽訂FTA，也和區域內外其他中小型經濟體簽訂FTA。[45]

（三）國內政治因素的不確定性與對整合趨勢的影響

在民主發展程度較高的國家，行政部門需平衡來自不同利益團體對自由化政策的訴求，但反對開放與自由化的力量，相較於支持力量，總能取得媒體關注或有效利用憲政設計的否決點，來反制或延緩政策推動。這主要來自幾項因素，一方面，誠如政治經濟學理論所預測，弱勢產業因受損害利益的集中化（concentrated losses），有強烈動機誘因克服集體行動的困境。二來則是國內政制與選制的設計，可使弱勢與反對團體有效利用否決點，增加政府簽署或批准FTA的政治成本。以日本為例，因國內選制與選區設計，許多自民黨議員因考量農漁村選區選票，與相關主管部門形成具政治影響力的反對集團。日本政府礙於反對派勢力與選區考量，遂多與次要或小型經貿夥伴簽訂FTA，以利排除或展延國內弱勢產業的開放。[46]

---

[44] Guanyi Leu, *Cooperating for Diversification: Partnership Selection in Preferential Trade Agreements in East Asia* (Dissertation: University of Virginia, 2012).

[45] Guanyi Leu, "Asean's Preferential Trade Agreements Strategy," *Journal of Current Southeast Asian Affairs*, Vol. 30, No. 2 (2011), pp. 31-64.

[46] Saadia M Pekkanen, Mireya Solís, and Saori N Katada, "Trading Gains for Control: International Trade Forums and Japanese Economic Diplomacy," *International Studies Quarterly*, Vol. 51, No. 4 (2007), pp. 945-970.

又日本與韓國，兩大東北亞經濟體，雖在2003年曾開啟雙邊FTA的談判，因日本對農漁業產業保護的考量，以及南韓內部擔憂對中小企業的衝擊，使得雙方談判停滯。[47]

第三，與大型經濟體和主要貿易夥伴經貿互賴的增加，往往伴隨經濟爭端的頻繁，使弱勢產業與反對勢力在多次爭端中，強化其反對意識，並累積組織經驗與反對能量，有效尋求進入否決點的法政機制，使區內大型主要貿易夥伴簽訂FTA的難度增加。[48] 譬如中國—日本與南韓彼此均有多次貿易爭端，與相互採取貿易報復的經驗，使受害與波及產業範圍擴大，也壓縮雙方進一步擴大貿易的意願。

相較於前述，另種擔憂則來自對東亞政府可能招致反效果的反思。部分研究認為：東亞自貿協定的形成，很大程度反映東亞強政府的角色，往往未能有效納入企業團體的需求。FTA的談判結果也因為策略性使深度與廣度均有所不足，甚至鼓勵特殊利益集團尋租的可能性。相關案例如新加坡「政府關聯企業」（government-linked corporations, GLCs）的發展模式，對外經貿的拓展成為國家的優先目標，來自國內社會的阻力極小。而泰國Thaksin政府同時對多個國家開展FTA談判時，也並未與私部門與商界進行充分的溝通諮詢。[49] 但當行政當局為擴大決策權，企圖繞過或未能於事前和社會與企業取得廣泛溝通的結果，不僅在後續批准與執行上可能面臨政治困難，也因未能有效納入企業利益，而制定出優惠幅度小或具障礙

---

[47] Saori N Katada, and Mireya Solís, "Domestic Sources of Japanese Foreign Policy Activism: Loss Avoidance and Demand Coherence," *International Relations of the Asia-Pacific*, Vol. 10, No. 1 (2010), pp. 129-157.

[48] Guanyi Leu, *Cooperating for Diversification: Partnership Selection in Preferential Trade Agreements I\in East Asia* (Dissertation: University of Virginia, 2012).

[49] 孫國祥，「論東亞區域主義之政治經濟動能」，全球政治評論，第36期（2011年10月），頁75。

性的原產地規則（Rule of Origin, ROO）及非關稅措施，使企業的管理成本增加，或是企業因對相關政策缺乏了解，造成對FTA使用率的低落。[50]

　　此外，現有文獻多認為，隨著FTA簽署數上升，會強化國內支持集團的遊說與組織力；但另一種可能性，便是隨著FTA數擴大，無論是民主或是具行政獨立性的政府，均面臨反對勢力動員次數與機會的上升，對政府參與區域FTA的決心與能力形成不小的牽制。譬如東南亞國家的行政部門雖享有高度自主，但並不表示他們在國內擁有絕對統治力，其統治基礎常因政軍因素、動亂、濫權遭致反對黨以立法方式否決和杯葛其行政決策。又隨著簽署數增加，牽動過往未被動員的反對勢力，也予反對黨制衡行政當局的機會，使行政當局FTA的簽署正當性備受反對集團與民眾的質疑，遭致決策草率的批評而面臨批准與執行上的難產。譬如泰國在2006年Thaksin面臨政變後，國內掀起對Thaksin執政期簽署FTA之正當性的批評，甚至影響泰國—日本FTA後續的談判。而菲律賓Arroyo總統因涉選舉醜聞，使其與議會關係不睦，國內政治對立情勢升高致菲律賓—日本FTA的談判，僵持近四年才有結果。[51] 南韓歷任盧武鉉與李明博總統，秉持布局南韓企業走向世界的雄略，挾行政優勢得快速簽署並執行多層次的FTA，使南韓成為僅次新加坡，FTA出口涵蓋率超過50%的東亞國家。但面對南韓FTA的擴展，尤其歷經美韓FTA談判，相對弱勢的南韓議會近年積極擴展與社會反對勢力的連結，透過立法與社會力量欲削弱行政部門在FTA政策上的專斷，[52] 使近期南韓FTA的參與進程面臨極大的國內阻力。

---

[50] Masahiro Kawai, and Ganeshan Wignaraja, "Free Trade Agreements in East Asia: A Way toward Trade Liberalization," *ADB Briefs*, Vol. 1 (2010).

[51] Eric Vincent C. Batalla, "Veto Players and State Decisiveness: Negotiating Bilateral Economic Partnership Agreements between Japan and Southeast Asia," *Philippine Political Science Journal*, Vol. 33, No. 1 (2012), pp. 39-62.

　　因此，在FTA擴展的趨勢下，貿易爭端的上升、行政當局與民間社會的角力，都可能使區域整合的步調因國內政治因素的紛擾而受限。同時，為顧及國內產業結構與經濟條件，甚或是對主權讓渡的幅度範圍，也使國家對政策開放的意願和偏好不一致。表二即顯示主要國家對FTA設計偏好上的不同。

表二　主要國家FTA簽署項目比較

	美國主導FTA	日本主導FTA	日本東協FTA	中國東協FTA
服務貿易	有	有	無	部分
投資	有	有	無	無
政府採購	有	有	無	無
競爭	有	有	無	無
智慧財產權	有	有	無	無
勞工	有	無	無	無
環保	有	無	無	無

資料來源：Mireya Solís, "Global Economic Crisis： Boon or Bust for East Asian Trade Integration?" *The Pacific Review*, Vol. 24, No. 3 (2011), p. 324.

肆、結論

　　簡言之，在對政治與體制互信不足的情況下，區域主要大型經濟體尋求合作的意願降低，反欲藉經濟外交方式，分散彼此經貿關係，降低或脫鉤（de-link）過度依賴的反效果。東亞國家對與區外國家簽訂FTA的興趣投入似乎不下於對東亞區域整合的推動；國內政治因素的複雜性，更處處

---

[52] Mireya Solis, "South Korea's Fateful Decision on the Trans-Pacific Partnership," *Foreign Policy Paper Series*, No. 31(2013), see page 10.

影響了FTA的制度設計、批准與執行。

　　因此，東亞國家間雖積極尋求多層次的經貿合作計畫，但綜觀東亞地區FTA的持續發展，有幾項特點與走向，卻可能對東亞和亞太區域整合計畫的進展埋下不確定因素。第一，因國內政情因素，近期FTA多呈現雙邊形式，但此談判形式耗時費力，且總體經濟果效要遠小於區域與全球多邊體制。第二，東亞國家對區域外雙邊和多邊自貿協議簽訂的多方投入，可能會分散東亞國家對區域整合的政策專注和談判資源，影響區域整合的談判進程。第三，東亞國家主要大型經濟體，如中國大陸、日本、南韓等，彼此之間還未簽署任何雙邊或多邊經貿協定，而臺灣作為東亞地區第5大經濟體，[53] 也尚未被納入任何具多邊性質的區域談判框架中。基於這些東北亞經濟體在區域和全球貿易及產業鏈的居間位置，其彼此間經貿產業關係能否進一步整合，對於東亞區域整合的推進與否、東亞區域於全球貿易的競爭力與國際建制的建構能力將有極大的影響。第四，東亞國家對區域整合框架的走向似乎仍未能達成共識。尤其日本、中國、東協，甚至是東協內部成員對區域整合框架的成員屬性及開放性，有著不同的政策偏好，呈現所謂「亞太主義」、「東亞主義」，及「東協主義」等倡議彼此競合的態勢。[54] 同時，考量國內產業結構與經濟條件、主權因素，也使國家對政策開放的偏好不一致。

　　展望未來，區域整合欲進一步發展，除強化菁英階層的認知，理解深化東亞整合與體制的重要性，更需透過溝通理解，彼此異中求同，漸進地推動區域體制的建立與完善。另亦須透過更多預防經濟爭議或是經濟危機

---

[53] 根據國際貨幣基金組織（International Monetary Foundation, IMF）2013年的資料統計，臺灣為世界第20大經濟體，在東亞僅次於中國大陸、日本、南韓與印尼。數據表參見維基百科，http://en.wikipedia.org/wiki/List_of_countries_by_GDP_(PPP)。

[54] 蕭全政，「東亞『區域主義』的發展與臺灣的角色」，政治科學論叢，第14期（2001年6月），頁201~222。

的機制，避免國家單邊使用制裁與報復手段，降低國家對分散化的需求，才能真正實現FTA的經濟理性與價值。同時，區域FTA必須整合企業和私部門領域的廣泛參與，尋求共識的擴大與方案的解決，才能降低國內因素的不確定性與爭議性，也才能促成民間與企業對FTA的認知和使用，並有助高規格條約的形成和區域整合的促進。

參考書目

中文部分

左正東，「中新自由貿易協定的貿易安全連結」，政治學報，第45期（2012年12月），頁81~105。

吳玲君，「中國推動東北亞自由貿易區策略：機會與意願的研究途徑」，遠景基金會季刊，第13卷，第2期（2012年4月），頁143~181。

孫國祥，「論東亞區域主義之政治經濟動能」，全球政治評論，第36期（2011年10月），頁63~92。

高長、吳瑟致，「中國崛起對東亞區域主義的影響」，遠景基金會季刊，第10卷，第2期（2009年4月），頁1~48。

廖舜右，「區域整和與戰爭之關連性分析」，國防雜誌，第23卷，第5期（2008年10月），頁6~16。

蔡宏政，「如何看待ECFA簽訂的戰略利益──區域經濟分工轉型下的政治經濟分析」，思與言：人文與社會科學雜誌，第49卷，第3期（2011年9月），頁135~165。

蕭全政，「東亞『區域主義』的發展與臺灣的角色」，政治科學論叢，第14期（2001年6月），頁201~222。

英文部分

Aggarwal, Vinod K., and Seungjoo Lee, "The Domestic Political Economy of Preferential Trade Agreements in the Asia-Pacific," *Trade Policy in the Asia-Pacific* (Spring 2011), pp. 1-28.

Athukorala, Prema-chandra, and Archanun Kohpaiboon, *Intra-Regional Trade in East Asia: The Decoupling Fallacy, Crisis, and Policy Challenges* (Tokyo: Asian Development Bank Working Paper Series, 2009).

Athukorala, Prema–Chandra, and Jayant Menon, "Global Production Sharing, Trade Patterns, and Determinants of Trade Flows in East Asia," *ADB Working Paper Series on Regional Economic*

Integration, No. 41 (Metro Manila: Asian Development Bank, 2010).

Athukorala, Prema–Chandra, and Jayant Menon, *Global Production Sharing, Trade Patterns, and Determinants of Trade Flows in East Asia*, (Asian Development Bank, 2010).

Baier, SL, and JH Bergstrand, "Economic Determinants of Free Trade Agreements," *Journal of International Economics*, Vol. 64, No. 1 (2004), pp. 29-63.

Baldwin, RE, "The Causes of Regionalism," *The World Economy*, Vol. 20, No. 7 (1997), pp. 865-888.

Baldwin, Richard, and Dany Jaimovich, "Are Free Trade Agreements Contagious?," *Journal of International Economics*, Vol. 88, No. 1 (2012), pp. 1-16.

Batalla, Eric Vincent C., "Veto Players and State Decisiveness: Negotiating Bilateral Economic Partnership Agreements between Japan and Southeast Asia," *Philippine Political Science Journal*, Vol. 33, No. 1 (2012), pp. 39-62.

Bergstrand, Jeffrey H., Peter Egger, and Mario Larch, "Economic Determinants of the Timing of Preferential Trade Agreement Formations and Enlargements," Notre Dame, University of Notre Dame, Working Paper (2010).

Capling, A., "Preferential Trade Agreements as Instruments of Foreign Policy: An Australia-Japan Free Trade Agreement and Its Implications for the Asia Pacific Region," *Pacific Review*, Vol. 21, No. 1 (2008), pp. 27-43.

Chase, K.A., "Economic Interests and Regional Trading Arrangements: The Case of Nafta," *International Organization*, Vol. 57, No. 01 (2003), pp. 137-174.

Frankel, Jeffrey, Ernesto Stein, and Shang-Jin Wei, "Trading Blocs and the Americas: The Natural, the Unnatural, and the Super-Natural," *Journal of development economics*, Vol. 47, No. 1 (1995), pp. 61-95.

Goldberg, P.K., and G. Maggi, "Protection for sale: an empirical investigation," *American Economic Review*, Vol. 89, No. 5 (1999), pp. 1135–1155.

Gowa, Joanne, and Edward D. Mansfield, "Alliances, Imperfect Markets, and Major-Power Trade," *International Organization* (2004), pp. 775-805.

Gowa, Joanne, and Edward Mansfield, "Power Politics and International Trade," *American Political Science Review*, Vol. 87, No. 2 (1993), pp. 408-420.

Grossman, Gene M., and Elhanan Helpman, "The Politics of Free-Trade Agreements," *The American Economic Review*, Vol. 85, No. 4 (1995), pp. 667-690.

Gruber, Lloyd, "Power Politics and the Free Trade Bandwagon," *Comparative Political Studies*, Vol. 34, No. 7 (2001), pp. 703-741.

Higgott, Richard, "US Foreign Policy and the 'Securitization' of Economic Globalization," *International Politics*, Vol. 41, No. 2 (2004), pp. 147-175.

Hsueh, Roselyn, "Who Rules the International Economy? Taiwan's Daunting Attempts at Bialteralism," in Vinod Aggarwal and Shujiro Urata eds., *Bilateral Trade Agreements in the Asia-Pacific: Origins, Evolution, and Implications* (London: Routledge, 2006), pp. 160-83.

Katada, Saori N., "Seeking a Place for East Asian Regionalism: Challenges and Opportunities under the Global Financial Crisis," *The Pacific Review*, Vol. 24, No. 3 (2011), pp. 273-290.

Katada, Saori N., and Mireya Solís, "Domestic Sources of Japanese Foreign Policy Activism: Loss Avoidance and Demand Coherence," *International Relations of the Asia-Pacific*, Vol. 10, No. 1 (2010), pp. 129-157.

Kawai, Masahiro, and Ganeshan Wignaraja, "Free Trade Agreements in East Asia: A Way toward Trade Liberalization," *ADB Briefs*, Vol. 1 (2010).

Kuik, Cheng-Chwee, "The Essence of Hedging: Malaysia and Singapore's Response to a Rising China," *Contemporary Southeast Asia: A Journal of International and Strategic Affairs*, Vol. 30, No. 2 (2008), pp. 159-185.

Lee, Jong-Wha, and Kwanho Shin, "Does Regionalism Lead to More Global Trade Integration in East Asia?" *The North American Journal of Economics and Finance*, Vol. 17, No. 3 (2006), pp. 283-301.

Lee, JW, and I Park, "Free Trade Areas in East Asia: Discriminatory or Non-Discriminatory?" *The World Economy*, Vol. 28, No. 1 (2005), pp. 21-48.

Leu, Guanyi, "Asean's Preferential Trade Agreements Strategy," *Journal of Current Southeast Asian Affairs*, Vol. 30, No. 2 (2011), pp. 31-64.

Leu, Guanyi, *Cooperating for Diversification: Partnership Selection in Preferential Trade Agreements in East Asia* (Dissertation: University of Virginia, 2012).

Manger, M., "Competition and Bilateralism in Trade Policy: The Case of Japan's Free Trade Agreements," *Review of International Political Economy*, Vol. 12, No. 5 (2005), pp. 804-828.

Mansfield, ED., and E Reinhardt, "Multilateral Determinants of Regionalism: The Effects of Gatt/Wto on the Formation of Preferential Trading Arrangements," *International Organization*, Vol. 57, No. 04 (2003), pp. 829-862.

Mansfield, Edward D., and Etel Solingen, "Regionalism," *Annual Review of Political Science*, Vol. 13 (2010), pp. 145-163.

Mansfield, Edward D., Helen V. Milner, and Jon C. Pevehouse, "Vetoing Co-Operation: The Impact of Veto Players on Preferential Trading Arrangements," *British Journal of Political Science*, Vol. 37, No. 3 (2007), pp. 403-432.

Milner, Helen V., and Keiko Kubota, "Why the Move to Free Trade? Democracy and Trade Policy in the Developing Countries," *International Organization*, Vol. 59 (Winter 2005), pp. 107-143.

Milner, Helen, "Industries, Governments, and the Creation of Regional Trade Blocs" in Edward D. Mansfield, and Helen V. Milner, *The Political Economy of Regionalism* (New York: Columbia University Press, 1997), pp. 77-106.

Panagariya, Arvind, "Preferential Trading and the Myth of Natural Trading Partners," *Japan and the World Economy*, Vol. 9, No. 4 (1997), pp. 471-489.

Pekkanen, Saadia M., Mireya Solís, and Saori N Katada, "Trading Gains for Control: International Trade Forums and Japanese Economic Diplomacy," *International Studies Quarterly*, Vol. 51, No. 4 (2007), pp. 945-970.

Pekkanen, Saadia M., Mireya Solís, and Saori N Katada, "Trading Gains for Control: International Trade Forums and Japanese Economic Diplomacy," *International Studies Quarterly*, Vol. 51, No.

4 (2007), pp. 945-970.

Peng, Lam Er, "Japan's FTA with Singapore: The China Factor and Regionalism," *Japanese Studies*, Vol. 26, No. 2 (2006), pp. 211-220.

Ravenhill, John, "The New East Asian Regionalism: A Political Domino Effect," *Review of International Political Economy*, Vol. 17, No. 2 (2010), pp. 178-208.

Solís, Mireya, "Global Economic Crisis: Boon or Bust for East Asian Trade Integration?" T*he Pacific Review*, Vol. 24, No. 3 (2011), pp. 311-336.

Solis, Mireya, "South Korea's Fateful Decision on the Trans-Pacific Partnership," *Foreign Policy Paper Series*, No. 31(2013).

Trading Economics, "Japan Exports", http://www.tradingeconomics.com/japan/ exports.

Viner, Jacob, *The Customs Union Issue* (New York: Carnegie Endowment for International Peace, 1950).

World Trade Organization Secretariat, http://www.wto.org/english/tratope/region_e/ regface.htm.

World Trade Organization, *World Trade Report 2011-The WTO and Preferential Trade Agreements: From Co-Existence to Coherence* (Geneva: World Trade Organization, 2011).

RCEP參與和兩岸互動
——從全球價值鏈的角度分析

杜巧霞

（中華經濟研究院WTO及RTA中心研究員）

摘要

　　近年來，亞太區域經濟整合快速發展，中國大陸在其中扮演積極角色。兩岸雖已簽署23項協議，但ECFA後續的服貿協議至今無法審議，顯示臺灣立法院內在野黨對於執政黨的兩岸政策持續杯葛。此種藍綠對抗肇因於執政黨的兩岸政策無法使臺灣在區域參與中有所突破，而臺灣如何參與區域經濟整合又與兩岸政治互信有密切關係。

　　兩岸經貿互動為構成亞太供應鏈之重要成分，依OECD/WTO於2013年發布的附加價值貿易統計顯示，臺灣出口附加價值貿易中，有71%為中間財，若以附加價值貿易量而言，臺灣在亞太地區的附加價值貿易額位居第五，因此臺灣在此供應鏈體系中的參與程度不但極高，能否取得公平競爭的機會亦與臺灣經濟發展有密切關係。巨型經濟整合的主要目的在強化供應鏈體系之效率，以及維護區域和平與繁榮。為達此目的，亞太區域經濟整合應基於經濟目的，給予所有成員公平、合理及不歧視之參與機會。

關鍵詞：區域全面經濟夥伴協定、兩岸互動、全球價值鏈、附加價值貿易、向後連鎖、向前連鎖

壹、前言

　　區域經濟整合在全球各地積極發展，亞太地區尤甚，近年來中國大陸在其中更扮演積極角色。中華民國是境內資源有限而向外導向程度極高的經濟體，面對區域經濟整合潮流，唯有參與才不致受到負面影響。然中華民國之參與區域經濟整合受到兩岸及國際因素影響，故自2008年起兩岸已開始加強制度面協商，至今已簽署21項協議，惟2014年3月發生太陽花學運，部分民意強烈反對兩岸服務貿易協議，接下來11月底九合一選舉執政黨慘敗，顯示在野黨極可能於2016年重新執政，因此對兩岸互動及兩岸共同參與區域經濟整合之進程可能產生不利影響。[1] 由於兩岸經濟協議在中華民國受到反制，顯示民眾對於兩岸開放服務貿易自由化尚無法接受，亦顯示雙方尚嚴重缺乏政治互信。

　　加入區域經濟整合之相互開放市場必須出於所有參與成員之自願，在民意尚未接受之下似乎成為個別國家或執政當局必須自行解決的問題。不過，兩岸關係十分特殊，一方面兩岸在分工合作方面已經建立了在全球價值鏈中密切連結之關係；另方面中國大陸在東亞經濟整合中扮演十分重要且關鍵的角色。此外，在東亞地區，中國大陸崛起與週邊國家亦正發生不少磨擦，如果處理不當，可能成為影響區域和平發展及阻礙區域經濟整合的重要因素。基於推動區域經濟整合必須植基於區域和平及友善的國際氛圍，本文主要從經貿的角度分析中華民國若被排除於亞太經濟整合之外可能產生的負面影響，以及過去以來，兩岸及RCEP國家在亞太價值鏈中已經建立的分工合作關係。由於這種分工合作關係是促成當前東亞地區持續

---

[1]　朱衛東，「2014年臺灣政局與兩岸關係形勢評估」，中國臺灣網，2015年4月8日，http://www.taiwan.cn/plzhx/zhjzhl/zhjlw/201504/t20150408_9528347_3.htm，檢索日期：2015年5月8日。

動態成長的重要因素，而欲持續此種合作關係，必須以和平且和諧的區域
環境為基礎，故兩岸關係的和平發展，不論對雙方或對區域均非常重要。
為了營造未來更實際可行的政策環境，或許雙方可以從經貿的角度進一步
體認彼此加強整合的重要性，從而更積極思考可行的解決方案。

　　本文首先分析近來亞太地區經濟整合，以及中國大陸在其中扮演的角
色，其次說明亞太國家在全球價值鏈上彼此相互分工合作之關係。由於在
全球價值鏈中，上、下游國家的生產分工、經濟活動，透過貿易使彼此處
於相互依賴的關係，此種相互依賴關係必須從附加價值貿易的角度去衡量
及解析，本文將利用OECD 2013年所發布的附加價值貿易資料，分析亞太
國家的進出口貿易，以及因此形成的上、下游相互合作與依賴之關係，期
望對區域經濟整合提供若干思考空間，最後是結語。

貳、亞太區域經濟整合進展與兩岸角色

　　近年來，亞太地區經濟整合蓬勃發展，亞太國家彼此簽署的FTA不
但快速增加，[2] 整合規模亦日益擴大。其中中國大陸已經生效的FTA有
12個，正在談判或即將生效的FTA還有9個，其中規模較大的有中日韓
FTA、區域全面經濟夥伴關係（RCEP）及亞太自由貿易區（FTAAP）
等，是亞太地區極受矚目的巨型經濟整合體。巨型經濟整合體一旦完成
談判，對區域內成員或區域外非成員的影響均將擴大，因此成為當前各
國均重視的課題。就各整合體之進展言，RCEP預計於2016年底完成，其
中RCEP的重要成員——「中」、韓，已於2015年2月完成中韓FTA談判。
此外，中國大陸更在2014年APEC峰會中通過建構FTAAP路徑圖，以及在
國際金融領域主導推動成立金磚五國開發銀行、亞洲基礎建設投資銀行

---

[2]　根據亞洲開發銀行統計至2014年中，亞洲國家簽署的FTA已達108個。

（AIIB），並提撥400億美元成立絲路基金，以期在全球，尤其是在亞太地區扮演大國角色。[3]

　　參與區域經濟整合，主要是針對各成員國經貿措施做加強自由化的規範，相關協定主要受到WTO監督與規範。兩岸均是WTO會員，在WTO架構下，根據GATT 1994第廿四條，任何WTO成員均可相互給予彼此更優惠的待遇而簽署協定，惟由於兩岸在政治方面各有治權，互不隸屬，在主權方面又相互重疊，使得兩岸之間一直缺乏正常的官方互動，但是經貿與投資早已開放，並建立了密切的分工與合作關係。為了維護經貿與投資持續的互動，相關的規範必須建置，因此雙方自2008年起開始加強協商，至2015年12月已簽署25項經貿交流協議，其中最重要的是在2010年簽署的經濟合作架構協議（ECFA）。至於雙方各自對外的雙邊協定，則由於彼此對一中的不同解讀，使中華民國在參與經濟整合方面沒有積極進展，其中主要的原因在於中國大陸的一中政策，使中華民國的主要貿易夥伴不願意冒政治風險而與中華民國簽署協定。[4] 由於無法參與區域經濟整合，對經濟發展必有負面影響，為了避免此種負面影響，政府於2014年2月宣布將加入TPP及RCEP，同時也積極推動兩岸ECFA之後續協商，包括兩岸服務貿易與貨品貿易談判。然而，太陽花學運與反服貿活動明確顯示目前兩岸政治互信與氛圍仍然不足，因此政治考量不論是在中華民國對外關係，或內在民意上皆成為阻礙其參與區域經濟整合的重要因素。

　　基於亞太區域經濟整合快速發展，巨型的經濟整合一旦成型，其對非成員的負面影響將十分明顯，中華民國被迫排除於亞太區域經濟整合之外，其所產生的負面影響是否可能轉變為政治問題，以致更不利於未來兩

---

[3]　Matthew P. Goodman, "A Pivotal Year for the Global Economic Order," PacNet#2, *Pacific Forum CSIS* (Honolulu, Hawaii: June 6, 2015).

[4]　Adriana Elisabeth & Chaw-hsia Tu eds, *Indonesia Taiwan Economic Cooperation Arrangement: Is It Feasible?* (Yayasan Pustaka Obor Indonesia, 2014), p.184.

岸互動與政治關係之改善？如何避免兩岸互動淪為缺乏互信，以致相互猜忌的惡性循環？如何使雙方共同面對此一問題？如何相互包容、折衷妥協？可能是當前有識之士必須思考的更重要課題。

參、全球價值鏈之形成改變國際生產分工關係

　　與兩岸政治互動不足呈現明顯對比的是兩岸經貿互動的密切連結，而此種經貿互動主要是因應全球化與中國大陸改革開放後，在全球供需體系中形成的全球價值鏈。[5] 由於兩岸技術與資源的互補，分別成為價值鏈中的重要成員，以致也成為共同維護當前區域經貿持續發展的重要分子。基於全球價值鏈的有效連結，不但為巨型區域經濟整合的重要目標，亦為促進區域和平與繁榮的重要因素，面對亞太區域經濟整合快速發展，本文有必要從經貿角度檢視亞太國家在此價值鏈中的相互影響與發展。

一、以附加價值衡量價值鏈中各國貿易關係

　　長久以來，國際貿易統計皆以交易價值為衡量基礎，但是在全球價值鏈時代，一件產品的完成常常是經由已開發國家的跨國企業，在掌握技術、資本與行銷之優勢下，在不同國家分別生產或採購不同的零組件與半成品，然後在工資較低廉的國家完成組裝，最後再運銷至主要的最終市場消費。在以交易價值計算之傳統貿易統計下，該完成最後組裝的加工地，即成為該產品最重要的出口國，但是如果其加工過程沒有太多技術內涵，其所創造的附加價值可能相當有限，以致貿易值無法真實的反映出口國的

---

[5] 所謂全球價值鏈是指自冷戰結束、新興市場國家興起後，已開發國家為了儘量利用資本與技術的優勢，在國際市場展開全球布局的國際分工與投資，在資訊科技與運輸工具快速發展之下，將生產過程儘量切割，以降低成本，因此形成的非常分散的國際分工體系。

經濟活動。最明顯的例子是美國的蘋果手機都是從中國大陸出口，但其在中國大陸所創造的附加價值可能不到5%。[6] 因此傳統貿易統計與出口國的經濟活動相互脫節，同時也無法真實的顯現各國的雙邊貿易關係；反之，如果以附加價值來衡量彼此的相互貿易可以避免此種問題。

　　所謂附加價值貿易是指在衡量出口貿易時只計算出口國所創造的附加價值，如果出口品中含有很多進口的原材料或半成品，則此一部分之出口國必須分別歸屬於在不同階段創造其價值的出口國，而非完全屬於完成最終成品的出口國。譬如：中華民國對美國出口一輛自行車，其價值為100美元，在傳統的貿易統計系以交易價值為計算基礎下，中華民國的出口值為100美元，但如果其中包含了來自澳洲的進口鐵砂及礦產品20美元，來自日本的變速箱與精密零件30美元，以及來自印尼的橡膠及鋁鈦合金產品10美元，而在中華民國生產製造後，整台車價值提升至100美元，則中華民國所創造的附加價值只有40美元；即在以附加價值衡量出口貿易時，只能計算中華民國出口了40美元（100－20－30－10＝40）；至於澳洲、日本、印尼雖然沒有直接對美國出口，但是從附加價值貿易角度觀察，三國分別間接對美國出口了20美元、30美元及10美元商品。因此以附加價值衡量的貿易值不但可具體的顯示各出口國所進行的生產活動，亦可顯示在雙邊貿易中，彼此生產活動所創造的互動關係。

　　由於傳統的貿易統計是以交易價值來計算，如果一產品在全球價值鏈上，分別由很多不同國家提供原材料、零組件及半成品，則此種產品在最終出口時，將重複計算其進口的原材料與半成品。反之，若只計算出口國所創造的附加價值，凡是重複跨越邊境的原材料與零組件貿易（已經計算過一次）不予計算，可以正確地反映各國真正的出口與經濟活動；惟此種

---

[6] OECD, WTO, "Trade in Value-Added: Concepts, Methodologies and Challenge," *Joint OECD-WTO Note* (2013), pp.1-18.

以附加價值計算的貿易值與傳統的貿易統計會有差距，尤其是分工層次愈多、分工程度愈細、境內資源有限的小型經濟體，以及主要的生產活動為最後的組裝活動者，兩種貿易值的差距將較大，但由於附加價值貿易可真實地反映各出口國之經濟活動，可以因此而得知各國彼此相互關聯的程度。

　　此外，當前很多開發中國家皆有出口退稅制度，在出口退稅後，其進口的原材料事實上不需要負擔關稅，而一般的量化模型很難針對進口品的實質關稅負擔去評估關稅措施改變後之影響，以致可能過度高估了降稅的效果，但是若以附加價值貿易進行相關的政策評估，或許可以避免此種過度高估的現象。

二、中華民國是高度向外導向型的經濟體

　　根據經濟合作暨發展組織（OECD）於2013年發布的附加價值貿易（TiVA）資料庫顯示，2009年以附加價值衡量的全球貿易，與傳統貿易統計相差了28%；即在全球貿易中，多次跨越邊境的零組件、原材料之貿易值占全球貿易的28%。[7] 而中華民國出口品中含有的進口成份更高達41.52%，[8] 僅次於盧森堡（58.89%）、新加坡（49.92%）、斯洛伐克（44.35%）、愛爾蘭（42.28%）。若與G-20國家相比，中華民國比G-20所有國家均高。在G-20國家中，以韓國最高，但韓國出口品中的進口含量為40.64%（詳見表1），仍低於中華民國。由此可見中華民國是屬於自然資源有限而對外貿易發達、向外導向程度極高的經濟體，可以說中華民國的進口與其出口活動維持密切關係，或者亦可以說，中華民國的出口貿易與上游的進口來源國維持有密切的向後連鎖關係。

---

[7] UNCTAD, Global Value Chains and Development: Investment and Value-added Trade in the Global Economy (UN Publication, 2013), http://unctad.org/en/ PublicationsLibrary/diae2013d1_en.pdf.

[8] 詳見OECD TiVA，2013資料庫。

表1　我國及G-20國家的價值鏈參與程度

單位：%

G-20	1995年參與度	2009年出口內含外國附加價值比例	2009年用於第三國出口的中間財出口比例	2009年參與度
中華民國	49	42	29	71
韓國	38	41	24	65
俄羅斯	44	7	45	52
德國	41	27	23	50
日本	29	15	33	48
沙烏地阿拉伯	34	3	44	47
中國大陸	26	33	13	46
法國	40	25	21	46
澳洲	34	13	31	44
印尼	34	14	29	44
英國	43	17	25	42
印度	24	22	20	42
墨西哥	37	30	11	42
義大利	39	20	22	42
美國	33	11	29	40
土耳其	25	22	16	38
巴西	31	9	27	36
加拿大	33	20	15	35
阿根廷	27	12	23	35
南非	43	16	17	34
歐盟	24	12	18	30

資料來源：作者整理自OECD，TiVA 2013。

　　與向後連鎖關係相對的是，從一國出口面去看其出口中與下游國家的向前連鎖關係。通常技術水準高或擁有豐富天然資源的國家，其出口品會影響到下游國家的再出口，故在全球價值鏈中形成較強的向前連鎖關係；[9]但通常小國，如果又缺乏天然資源，則難有較強的向前連鎖關係。

　　以中華民國向下游國家的出口言，根據OECD資料顯示，其中約有29.5%會成為下游國家加工後再出口的零組件與半成品，此一比例高於上述所有具有很強向後連鎖關係的小國。因此綜合而言，中華民國出口品中總計有71%（41.58+29.5=71.08）是屬於位於全球價值鏈活動中的零組件及半成品，亦即中華民國與上、下游國家均維持有密切的互動與分工合作關係，以致其生產活動與出口深受周邊國家及世界景氣影響。以韓國而言，韓國出口品中之向前連鎖程度達24%，加上其向後連鎖程度41%，兩者合計達65%，為G-20國家中的最高，但仍低於中華民國。至於新加坡，在新加坡出口中會成為其下游國家再出口的半成品只占其總出口20.7%，與其出口之向後連鎖關係相加後，顯示其出口亦有約70.6%處於全球價值鏈中，略低於中華民國。由於高度向外導向的經濟體質，使中華民國的經濟發展與周邊國家及國際市場之榮枯有密切關係。

三、以附加價值貿易檢視中華民國對外貿易關係

　　由於出口中所含有的進口原材料偏高，而傳統的貿易統計系以交易價值來衡量，將造成出口貿易值之明顯高估；此外，傳統貿易無法計算間接出口，又使雙邊貿易額嚴重失真。例如：在以附加價值計算我政府出口貿易後，中華民國對中國大陸的出口將大減65%（見表2），對中國大陸出口比重則從36.3%降至17.1%（見表3）。而由於中國大陸對歐美的出口

9　UNCTAD, Rashmi Banga, "Measuring Value in Global Value Chains," *UNCTAD Background Paper # RVC-8* (May 2013).

中有相當比例是來自於中華民國的零組件與半成品，在算成中華民國的
間接出口後，使中華民國對美國與歐盟市場的依賴度，由12%分別提高至
20.7%及19.9%；即中國大陸並非中華民國最重要的出口市場，而是美、
歐，中國大陸居於第三。

表2   中華民國與主要夥伴雙邊貿易關係（2009年）
（此為根據OECD2013年發布之最新資料）

單位：百萬美元

貿易夥伴*	出口		進口		出口＋進口	貿易餘額		改變率
	毛額	附加價值額	毛額	附加價值額	附加價值額	毛額	附加價值額	（%）
美國	27480.5	26662.2	24182.8	16253.2	42915.4	3297.7	10409.0	215.64
EU 27	28464.2	25895.9	20065.1	15068.8	40964.7	8399.1	10827.1	28.91
中國大陸	81823.0	22324.6	28786.2	10075.0	32399.6	53036.8	12249.6	-76.9
日本	15248.1	11050.6	37804.2	19947.9	30998.5	-22556.1	-8897.3	-60.55
韓國	9134.6	2714.9	11243.0	2366.1	5081.0	-2108.4	348.8	-116.54
印度	3341.1	2978.7	3066.4	1645.5	4624.2	274.7	1333.2	385.33
加拿大	2865.4	3003.0	1545.4	1313.8	4316.8	1320.0	1689.2	27.97
印尼	2270.6	1645.9	4995.1	2490.8	4136.7	-2724.5	-844.9	-68.99
馬來西亞	4567.2	1734.9	4403.8	1190.7	2925.6	163.4	544.2	233.05
墨西哥	3788.1	2515.1	302.1	344.0	2859.1	3486.0	2171.1	-37.72
泰國	4743.9	1597.1	2933.6	1159.4	2756.5	1810.3	437.7	-75.82
香港	3013.8	1552.3	2167.2	1079.3	2631.6	846.6	473.0	-44.13
越南	5656.3	1889.5	948.2	585.4	2474.9	4708.1	304.1	-72.3
新加坡	5991.4	1061.8	5035.5	898.5	1960.3	955.9	163.3	-82.92

*貿易夥伴按出口＋進口附加價值額大小排列。
資料來源：作者整理自OECD，TiVA 2013。

表3　中華民國與主要貿易夥伴之貿易關係比重（2009年）

單位：%

國家	占中華民國出口市場比重		在中華民國進口市場占有率	
	毛額	附加價值額	毛額	附加價值額
美國	12.2	20.7	15.5	16.7
歐盟	12.6	19.9	10.4	15.4
中國大陸	36.3	17.1	14.9	10.3
日本	6.8	8.5	19.6	20.4
韓國	4.0	2.1	5.8	2.4
印度	1.5	2.3	1.6	1.7
加拿大	1.3	2.3	0.8	1.3
印尼	1.0	1.3	2.6	2.6
馬來西亞	2.0	1.3	2.3	1.2
墨西哥	1.7	1.9	0.2	0.4
泰國	2.1	1.2	1.5	1.2
香港	1.3	1.2	1.1	1.1
越南	2.5	1.5	0.5	0.6
新加坡	2.7	0.8	2.6	2.9

資料來源：本研究。

　　除了兩岸雙邊貿易關係有大幅度改變之外，表2亦包含了中華民國與主要貿易夥伴的雙邊貿易關係淨額的改變。在以傳統貿易統計衡量中華民國出口貿易時，中國大陸為中華民國最重要的出口市場，2009年中華民國對中國大陸有530.36億美元順差，但是在以附加價值衡量時，除了中國大陸市場的重要性次於美國及歐盟以外，中華民國對中國大陸的順差降至122.49億美元，大幅減少了76.9%，對美、歐的順差則大幅度提高。

　　整體而言，由於東亞國家與中華民國的價值鏈分工關係較為密切，雙邊貿易餘額在以附加價值計算之下，多會減少，而與非東亞國家之貿易餘額，如美、歐、加拿大、印度等則增加。

肆、價值鏈中相互依賴之關係──向前連鎖與向後連鎖

　　由附加價值貿易可以顯示一國與上、下游國家的相互關係，可以得知其出口中，有多少是來自上游國家所創造的附加價值，有多少是在下游國家加工完成後還會再向第三國的出口。如果兩國在生產模式中有密切的上、下游關係，下游國家出口的增加會促使上游國家的附加價值出口金額亦有相當程度的提高。惟各國的出口值與所含有的外國附加價值比例並不相同，除非將各國的附加價值出口擴大至同一口徑，否則很難清楚地呈現各國的出口與上游國家連結度的高低。[10] 表4是利用OECD附加價值貿易，將TPP及RCEP國家的出口附加價值全部擴大到1,000元，從而呈現的其與主要上游國家之向後連鎖關係。以中華民國而言，日本與中華民國具有最密切的上、下游分工關係，在中華民國附加價值出口達1,000元時，日本出口到中華民國的附加價值將達到115元，其次是中國大陸及美國，其對中華民國的出口附加價值將分別達到92元及77元。

---

[10] Abhijit Das and Sonam Choudbry (2013), "Distribution of gains in global value chains: A preliminary exploration," *Quaterly Newsletter* (Centre for WTO Studies, India: April-June 2013), pp.1-12.

表4　TPP與RCEP主要國家出口之向後連鎖程度（總出口）

	國內加值率%	向後連鎖總值	出口毛額（百萬美元）	日本	韓國	中國大陸	中華民國	香港	印尼	馬來西亞	菲律賓	新加坡	泰國	越南	美國	加拿大	墨西哥	智利	澳洲	紐西蘭	印度	汶萊	柬埔寨
日本	85.2	174	618,022	1000	7	20	6	1	7	4	2	2	3	1	26	3	1	2	11	0	2	1	0
韓國	59.4	685	401,162	86	1000	80	19	5	18	15	5	14	6	3	77	9	2	7	32	1	10	2	0
中國大陸	67.4	484	1,283,964	65	43	1000	33	7	8	16	5	9	10	2	54	8	2	7	19	0	9	0	0
中華民國	58.5	710	225,657	115	42	92	1000	7	22	20	7	16	10	2	77	6	2	6	28	1	11	0	0
香港	71.5	399	93,076	29	13	80	12	1000	5	8	6	15	6	2	58	5	2	6	13	0	10	0	0
印尼	85.6	168	125,692	17	8	16	4	2	1000	7	5	11	5	5	18	3	1	2	6	4	4	2	0
馬來西亞	62.1	610	179,790	67	27	53	21	3	15	1000	5	31	18	5	122	5	2	2	14	1	14	0	0
菲律賓	61.6	622	51,845	74	48	72	46	16	10	27	1000	37	18	6	96	4	2	2	9	1	5	0	0
新加坡	50.1	997	212,449	77	36	59	30	9	23	44	10	1000	16	6	171	9	4	4	23	2	33	1	1
泰國	65.5	527	173,976	82	23	54	21	6	11	29	6	15	1000	4	52	4	5	4	15	0	7	0	0
越南	63.4	578	63,055	61	46	92	35	8	14	15	3	17	22	1000	47	4	2	2	14	0	14	0	1
美國	88.7	127	1,458,183	10	4	10	2	1	1	2	1	1	1	0	1000	16	8	1	1	0	2	0	0
加拿大	80.5	243	367,569	9	4	10	2	1	1	1	1	1	1	0	115	1000	6	1	2	0	2	0	0
墨西哥	69.7	435	231,899	36	23	44	10	2	2	8	3	4	4	1	186	13	1000	3	3	0	2	0	0
智利	81.5	226	60,585	12	7	11	1	4	2	2	0	4	2	1	46	4	3	1000	3	0	2	0	0
澳洲	87.5	143	193,401	10	4	10	2	1	6	6	2	6	2	5	20	2	1	1	1000	5	2	1	0
紐西蘭	81.6	226	31,573	15	6	17	3	3	4	5	3	6	3	1	29	2	1	1	36	1000	4	3	0
印度	78.1	281	255,032	10	8	22	3	4	6	4	1	5	4	1	30	2	2	2	12	0	1000	0	0
汶萊	88.7	128	7,683	14	3	5	1	1	2	9	9	14	22	2	26	1	0	0	6	0	2	1000	0
柬埔寨	65.9	517	5,932	24	14	87	26	28	7	9	1	12	22	32	82	2	1	1	6	0	4	0	1000
平均	72.6	414	302,027	42.8	19.3	44.0	14.5	5.7	8.7	12.2	2.8	11.5	8.3	3.8	70.2	5.3	2.4	2.4	13.1	0.9	7.2	0.7	0.1

說明：向後連鎖總值：指以本國出口附加價值為1,000（基準），將所有來自上游國家的向後連鎖加總，包括非TPP及RCEP國家。
資料來源：杜巧霞等（2014）；全球價值鏈發展對我國經貿關係之意涵。

　　但是如果反過來看日本、中國大陸、美國與上游國家的關係，中華民國產品成為其未來出口的零組件、半成品比率卻很低，此種不對稱的現象普遍存在於表中各國。其原因在於在全球價值鏈的上、下游產業分工，本來就是屬於垂直、單向的產業分工，在分工的不同階段，各國具有不同的比較優勢，因此表4呈現不對稱的附加價值分配關係。

一、RCEP國家之向後連鎖

　　綜合檢視TPP及RCEP國家在價值鏈中與上、下游國家總體貿易的關係（見表4），可以發現其中新加坡、韓國與我國是國內附加價值率較低的國家，亦即星、韓、臺出口中所含上游國家之附加價值較高，與上游國家的向後連鎖關係較緊密。其中又以新加坡與美國的向後連鎖關係最緊密，在其出口附加價值達1,000元時，須自美國進口171元的上游產品（為簡捷行文，以下稱此為向後連鎖指數），然而若以所有國家與美國所形成的向後連鎖關係來看，可以發現墨西哥、加拿大、馬來西亞與美國的後連鎖分別為186、115及122，可以顯示美國與北美自由貿易區、東南亞均有密切的分工合作關係，美國似乎為亞太價值鏈中技術來源的總部經濟體[11]（headquarter economies）；另外在東亞地區則以日本為總部，其中我國與日本的向後連鎖指數最高達115，其餘韓國、泰國、新加坡、菲律賓、馬來西亞、中國大陸等亦分別與日本有不低的向後連結，故日本與東亞國家亦有密切的價值鏈合作關係，而美、日分別為亞太與東亞地區兩個價值鏈分工體系的投資與技術來源總部。

　　日本之所以成為東亞價值鏈分工體系的總部，與日本自1990年代起對

---

[11] Baldwin, Robert, "Global Supply Chains: Why They Emerged, Why They Matter, and Where They are Going." in D. K. Elms and P. Low eds. *Global Value Chain in a Changing World* (Geneva: World Trade Organization, 2013), pp.13-55.

東亞國家展開大規模的跨國投資布局有關，因此目前形成了密切地垂直分工關係；亦即多數東亞國家的生產活動均需來自日本進口的零組件或半成品，並於各國加工後再出口至其他國家，因此形成了緊密的前後連鎖關係。其中TPP與RCEP國家與日本的向後連鎖指數平均值為42.8，我國與其向後連鎖關係達115最為緊密。

　　以中國大陸出口的附加價值率來看，其國內創造的附加價值率為67.4%，與其出口有密切上游關係的國家主要為日本、美國、韓國及中華民國等，其向後連鎖指數分別為65、54、43、33；而從亞太國家角度來看，各國與中國大陸維持有緊密的向後連鎖關係者為中華民國、越南、柬埔寨、韓國、香港，其向後連鎖指數分別為92、92、87、80、80，顯示兩岸同時在進出口維持有緊密的連鎖關係。此外，菲律賓、新加坡、泰國、馬來西亞與中國大陸的向後連鎖關係亦不低，顯示東亞各國自中國大陸有相當程度的進口，由於中國大陸並非技術領先國家，這些進口主要應為資源性產品，以致在亞太價值鏈中所形成了密切合作的關係。

二、RCEP國家之向前連鎖關係

　　表5是RCEP及TPP國家的向前連鎖關係，但以各國出口附加價值統一為1,000元時的向前連鎖指數，其中中華民國與中國大陸之下游關係最為突出，中華民國每出口1,000元之附加價值，將有214元是對中國大陸的出口。其次是韓國、新加坡、美國、日本，其出口中來自於中華民國的貢獻分別為34元、23.9元、23.1元、22.7元（以下稱為向前連鎖指數）。由此可見兩岸之間在全球價值鏈中緊密連結的程度。

　　如果從各國與中國大陸向前連鎖的關係來看，在中華民國之後，依序為韓國、菲律賓、馬來西亞、日本、香港、泰國、新加坡等，其與中國大陸形成的向前連鎖指數分別為158、141、121、107、95、76、72。綜合而言，中華民國在全球價值鏈中，與日本有最強的向後連鎖，與中國大陸有

表5 TPP與RCEP主要國家出口之向前連鎖程度（總出口）

國家	日本	韓國	中國大陸	中華民國	香港	印尼	馬來西亞	菲律賓	新加坡	泰國	越南	美國	加拿大	墨西哥	智利	澳洲	紐西蘭	印度	汶萊	柬埔寨
日本	1000	38.85	106.74	28.86	3.68	3.37	14.28	4.51	15.66	17.66	4.62	24.90	5.12	10.91	1.13	3.23	0.74	3.86	0.19	0.18
韓國	16.55	1000	157.92	23.50	3.55	3.42	12.79	6.43	16.22	10.79	7.71	21.42	4.89	15.87	1.37	2.92	0.69	6.53	0.08	0.24
中國大陸	12.01	22.09	1000	14.10	6.17	1.99	6.89	2.64	7.31	7.08	4.23	15.24	3.33	8.29	0.60	2.01	0.51	5.15	0.04	0.39
中華民國	22.68	34.04	214.10	1000	6.25	2.91	17.37	11.19	23.85	17.72	10.50	23.14	4.08	12.65	0.39	2.12	0.57	5.16	0.06	0.76
香港	7.60	18.84	95.19	13.86	1000	2.85	5.36	7.91	14.77	10.20	5.10	10.09	4.44	3.80	3.15	2.41	1.17	11.53	0.08	1.62
印尼	34.16	40.36	62.95	26.45	3.24	1000	15.89	3.00	22.89	12.05	5.05	11.74	2.12	2.93	1.05	9.76	1.07	11.81	0.14	0.24
馬來西亞	19.37	32.03	121.37	23.61	4.80	7.04	1000	7.81	41.79	29.70	5.45	20.20	3.10	10.86	0.80	9.74	1.11	7.46	0.56	0.32
菲律賓	26.50	40.11	140.93	27.49	5.30	2.17	16.66	1000	34.50	22.24	3.73	24.03	3.81	14.04	0.52	1.94	0.33	5.46	0.06	0.10
新加坡	10.77	30.24	71.57	20.10	9.20	10.70	32.12	10.98	1000	15.95	6.53	16.61	3.58	5.57	1.72	9.39	1.44	9.09	0.93	0.45
泰國	14.98	12.57	75.69	9.99	3.67	4.29	18.04	5.08	15.17	1000	7.77	12.60	2.26	5.50	0.77	8.84	0.64	6.81	0.11	0.74
越南	17.66	19.95	46.14	6.98	1.36	3.00	13.32	5.19	15.10	12.19	1000	11.54	1.53	2.09	0.90	20.06	0.45	4.12	0.05	3.11
美國	10.51	14.21	36.12	7.86	3.00	1.54	10.50	2.38	14.10	4.54	1.46	1000	26.26	23.26	1.74	2.59	0.59	4.63	0.14	0.25
加拿大	5.21	6.96	22.61	2.75	1.01	1.07	1.85	0.42	3.14	1.52	0.57	71.61	1000	6.87	0.68	1.05	0.19	1.43	0.01	0.02
墨西哥	3.45	3.62	12.51	1.48	0.26	0.36	1.71	0.33	2.53	3.64	0.43	67.97	10.62	1000	0.92	0.67	0.13	2.73	0.01	0.02
智利	16.63	35.42	127.65	16.73	1.97	1.41	4.47	0.92	9.69	2.94	1.39	20.25	7.43	8.86	1000	3.93	0.35	6.50	0.03	0.08
澳洲	34.21	44.59	95.60	21.79	5.17	3.64	9.54	1.61	14.32	10.25	3.39	8.40	3.06	3.02	1.00	1000	5.55	13.97	0.07	0.14
紐西蘭	9.55	12.83	34.61	4.06	0.82	2.00	4.96	1.31	8.49	3.86	1.60	9.32	1.76	1.72	0.48	30.62	1000	5.49	0.03	0.04
印度	4.56	11.65	39.23	7.15	3.35	2.06	7.64	0.86	17.84	3.78	2.85	13.85	2.42	1.92	0.38	1.64	0.49	1000	0.06	0.08
汶萊	73.51	67.76	40.49	7.37	2.13	27.36	6.54	1.26	7.98	6.84	2.22	9.32	1.50	1.80	0.44	33.61	10.20	13.01	1000	0.09
柬埔寨	1.34	2.03	13.33	0.94	1	0.57	2.03	0.31	17.97	4.51	7.19	7.56	1.94	0.67	0.10	0.76	0.12	3.95	0.04	1000

資料來源：本研究計算整理。

最強的向前連鎖，以及中國大陸是世界工廠，很多國家產品在進入中國大陸加工後還會再向第三市場出口，然其中兩岸在價值鏈中所形成的密切分工合作關係最為緊密。

三、中華民國向後與向前連鎖關係之變化趨勢

利用OECD TiVA資料庫涵蓋5個年度的資料，可以檢視價值鏈上向後連鎖及向前連鎖關係的變化趨勢，圖1是中華民國與主要國家的向後連鎖關係與趨勢。具體而言，2009年我國與日本有最緊密的向後連鎖關係，然而就時間趨勢來看，自1995年以來，中華民國與美、日的向後連鎖已持續

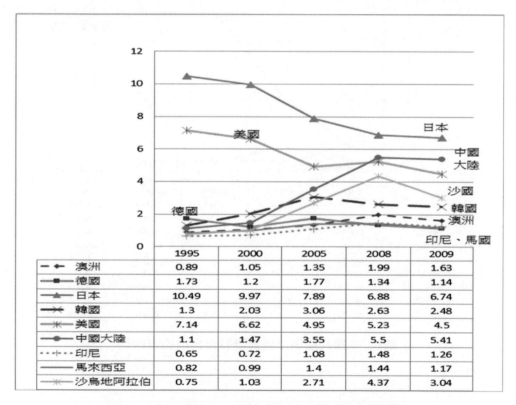

	1995	2000	2005	2008	2009
澳洲	0.89	1.05	1.35	1.99	1.63
德國	1.73	1.2	1.77	1.34	1.14
日本	10.49	9.97	7.89	6.88	6.74
韓國	1.3	2.03	3.06	2.63	2.48
美國	7.14	6.62	4.95	5.23	4.5
中國大陸	1.1	1.47	3.55	5.5	5.41
印尼	0.65	0.72	1.08	1.48	1.26
馬來西亞	0.82	0.99	1.4	1.44	1.17
沙烏地阿拉伯	0.75	1.03	2.71	4.37	3.04

圖1　中華民國出口與主要國家向後連鎖趨勢圖

資料來源：杜巧霞等（2014），全球價值鏈發展對我國經貿關係之意涵。

減弱，而與中國大陸的向後連鎖快速提升，因此自1995年以後，中華民國自中國大陸的進口已快速增加，自美、日進口的比重已經降低。其餘與韓國、馬來西亞的向後連鎖有小幅提高，與德國是小幅降低，與沙烏地阿拉伯及澳洲則因為進口天然資源增加而有明顯提升。

　　就中華民國向前連鎖的發展趨勢來看，圖2是其出口與下游國家向前連鎖的發展趨勢，其中與中國大陸的向前連鎖關係，在2005年時已經達到相當近似於2009年的情況，因此也可以說，兩岸產業上、下游分工合作的關係，大約在2005年左右已經大致達到目前的程度。

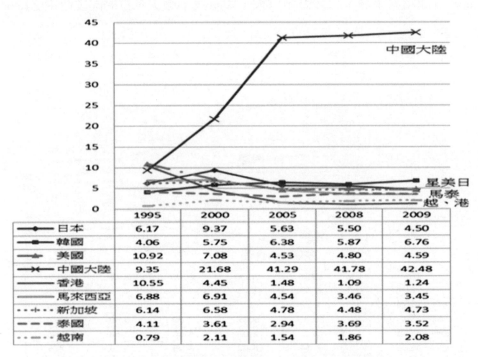

	1995	2000	2005	2008	2009
日本	6.17	9.37	5.63	5.50	4.50
韓國	4.06	5.75	6.38	5.87	6.76
美國	10.92	7.08	4.53	4.80	4.59
中國大陸	9.35	21.68	41.29	41.78	42.48
香港	10.55	4.45	1.48	1.09	1.24
馬來西亞	6.88	6.91	4.54	3.46	3.45
新加坡	6.14	6.58	4.78	4.48	4.73
泰國	4.11	3.61	2.94	3.69	3.52
越南	0.79	2.11	1.54	1.86	2.08

圖2　中華民國與主要貿易夥伴向前連鎖趨勢

資料來源：同圖1。

伍、無法參與RCEP之負面影響

　　基於兩岸在價值鏈上的分工合作在過去20年快速發展，中華民國在此價值鏈上與上、下游國家已建立密切的分工合作關係，其中與中國大陸的關係尤其密切。而各國推動巨型區域經濟整合的主要目的之一，為促使價值鏈上的分工合作更加自由開放與更具效率，中華民國既為亞太價值鏈中的重要成員，理應成為巨型區域經濟整合的參與成員；如果基於政治因素而不得參與，不但有損價值鏈上生產與分配效率之提升，對於中華民國本身也可能造成相當負面的影響。根據美國知名智庫彼得森經濟研究所（Peterson Institute for International Economics）與東西中心（East-West Center）研究團隊利用全球貿易分析模型（Global Trade Analysis Project, GTAP）所進行的量化模擬影響評估顯示，在假設TPP 12再加韓國均完成TPP協定，而中華民國無法參與之下，中華民國GDP會負成長0.3%，在中日韓以及東協加三完成FTA，而中華民國無法參與之下，中華民國GDP將負成長1.9%，其中後者為前者的6倍有餘，主要原因即在於中華民國與中日韓間具有密切的價值鏈關係。由於RCEP整合的規模較東協加三更大，如果被排除於RCEP之外，可想而知，中華民國所受到的負面影響必將更大。此外，由於中華民國主要貿易夥伴或競爭對手簽署的FTA，不是只有TPP及RCEP，還包括更多雙邊的或複邊的貿易協定，長期累計起來，對中華民國經濟發展的負面影響自不可忽視。因此，兩岸必須重視中華民國參與區域經濟整合的重要性與必須性，國際社會亦應該給予所有亞太成員公平合理的選擇機會。

陸、結語

　　全球價值鏈上的專業化分工為當前國際經濟的重要現象，在價值鏈上

的參與者與上、下游國家皆有密切的相互合作與分工關係，因此各國經貿活動相互影響的程度提高，所關切的經濟議題增加，可能產生摩擦的機會與風險已隨之上升。由於價值鏈上的連結點增加，為了降低彼此的連結成本，企業界對貿易自由化的要求已經提高，希望消除障礙的對象增加，區域經濟整合的規模有擴大現象，以致經濟整合談判中所涵蓋的議題與成員均不斷增加，故有TPP及RCEP之出現。由於在價值鏈的國際分工模式下，全球貿易規則需要強化，但多邊貿易談判正面臨困難，無法有效凝聚共識，巨型的區域經濟整合遂成為可能逐步凝聚共識，且制定全球貿易規則的重要場域，參與區域經濟整合亦成為各國均重視的課題。

過去兩岸的經貿往來已經大幅度開放，在價值鏈上的分工合作關係已經建立，但是政治互信、安全協議仍極欠缺，因此當經貿協議欲進一步自由化時受到民眾的抗議及阻擋。在民主社會，經貿政策與措施的調整或修改必須得到民意的支持；惟民意的支持需要時間，然區域經濟整合的潮流已不可阻擋，為了不使兩岸關係陷入缺乏互信的惡性循環，兩岸應加強互動，因制度差異而存在的爭議更應多所包容或給予彈性，並以創意來解決問題。

在價值鏈中，各國的生產與經貿活動彼此密切相關，區域經濟整合協定如果達成協議，可進一步促進價值鏈密切連結，增進各國經濟福祉，同時達到促進區域繁榮、和平與安全的目的，故區域內成員亦應以區域經濟整體為考量，儘量給予所有成員合理與不歧視待遇，以形成有利彼此良性互動的外在環境。

參考書目

中文部分

王建民，「海峽兩岸共同參與亞太區域經濟整合問題初探——兼論兩岸對參與TPP與RCEP的戰略選擇差異」，《全球化》，2014年第9期，48~59頁。

朱衛東，「2014年臺灣政局與兩岸關係形勢評估」，中國臺灣網（2015）。

杜巧霞、葉長城，「TPP與RCEP區域整合對中華民國之影響與因應」，經濟前瞻，第145期（2013）。

杜巧霞等，「全球價值鏈發展對我國經貿關係之意涵」，經濟部國際貿易局、外交部委託研究報告（2014）。

英文部分

Abhijit Das and Sonam Choudbry, "Distribution of Gains in Global Value Chains：A Preliminary Exploration," *Quaterly Newsletter* (Centre for WTO Studies, India: April-June 2013), pp.1-12.

Adriana, Elisabeth & Chaw-hsia Tu (eds), *Indonesia-Taiwan Economic Cooperation Arrangement: Is It Feasible?* (Yayasan Pustaka Obor Indomesia, Jakarta, 2014)

Backer, Koen and Sebastien Miroudot, "Mapping Global Value Chains," *OECD Trade Policy Paper*, No. 159 (OECD, 2013), pp.7-11

Baldwin, Robert, "Global Supply Chains： Why They Emerged, Why They Matter, and Where They are Going." in D. K. Elms and P. Low eds. *Global Value Chain in a Changing World* (Geneva：World Trade Organization, 2013), pp.13-55.

Elms, D. & P. Low, *Global Value Chains in a Changing World* (Geneva: WTO Secretariat, 2013).

International Monetary Fund, "Trade Interconnectedness: The World with Global Value Chains", *IMF* (2013), pp. 6-31.

Koopman, R., Wang, Z., Wei, S-J. "Give Credit where Credit is Due: Tracing Value Added in Global Production Chains," *NBER Working Paper 16426* (2008).

Matthew P. Goodman, "A Pivotal Year for the Global Economic Order, PacNet#2, *Pacific Forum CSIS* (Honolulu, Hawaii: June 6, 2015).

OECD, "Interconnected Economies: Benefiting from Global Value Chain," OECD publishing (2013), pp. 53-62.

OECD, WTO, "Trade in Value-Added: Concepts, Methodologies and Challenge, *Joint OECD-WTO Note* (2013), pp. 1-18.

OECD, WTO, *Database on Trade in Value-Added FAQs: Background Note* (2013).

Peter A. Petri, Michael G. Plummer and Fan Zhai, The Trans-Pacific Partnership and Asia-Pacific Integration: a Quantitative Assessment (Washington, DC: Peterson Institute for International Economics, 2012).

UNCTAD, Rashmi Banga, "Measuring Value in Global Value Chains". *UNCTAD Background Paper # RVC-8* (May 2013).

UNCTAD, *Global Value Chains and Development: Investment and Value-added Trade in the Global Economy (UN Publication, 2013)*, http://unctad.org/en/ PublicationsLibrary/diae2013d1_en.pdf.

東亞區域經濟整合與發展：臺灣策略與觀點

徐遵慈

（中華經濟研究院臺灣東協研究中心主任、副研究員）

摘要

　　東南亞國家推動以東協為核心的經濟整合，繼與周邊國家簽署五個「東協加一」自由貿易協定（FTA）後，自2013年開始啟動《區域全面性經濟夥伴協定》（RCEP）的談判，自此取代過去「東協加三」、「東協加六」的倡議，也使得東南亞、東北亞市場得以整合，納入一共同自由貿易區。RCEP一旦完成談判且付諸實施，將大幅降低東亞區域內的關稅，惟其亦將面臨不同FTA彼此競合、義大利麵碗效果、區域內發展差距擴大等問題。

　　我國與東亞經貿關係深遠，但因遲遲無法與東亞國家締結雙邊FTA，亦無法參加「東協加一」FTA，因此飽受關稅「差別待遇」之苦與其他種種貿易、投資障礙。馬總統在2014年初正式宣布臺灣將以「雙軌併進」方式，同步爭取加入RCEP與《跨太平洋夥伴協定》（TPP），以爭取TPP與RCEP龐大的市場商機。對此，我國應利用TPP與RCEP均訂有開放性條款的契機，研擬策略，爭取參加東亞區域整合，並應持續推動雙邊FTA。同時，吾人應重新檢視我國與東協國家經貿關係，以因應東協深度整合及RCEP之成形，並應協助臺商在東協之布局。

關鍵詞：經濟整合、東南亞國家協會（ASEAN）、自由貿易協定（FTA）、區域全面性經濟夥伴協定（RCEP）

壹、前言

　　亞洲推動經濟整合的趨勢始自東南亞國家協會（ASEAN，以下簡稱東協），而後逐漸擴延至東北亞。受到世界貿易組織（WTO）推動杜哈回合（Doha Round）談判進展遲緩等因素的影響，近年來東協區域整合持續深化與廣化，除預計於2015年實現「東協經濟共同體」（ASEAN Economic Community, AEC）之目標外，2012年東協國家在第二十一屆東協領袖會議，宣布展開建立「區域全面經濟夥伴協定」（RCEP）談判，至此此項由東協十國主導推動的巨型（mega）「區域自由貿易協定」（FTA），將取代過去倡議多時的「東協加三」、「東協加六」FTA，成為亞洲經濟整合的核心，對臺灣經濟將造成重大影響。對此，馬總統在2014年初正式宣布我國將以「雙軌併進」方式，同步爭取加入RCEP與另一巨型FTA「跨太平洋夥伴協定」（TPP），以避免被排除在亞洲區域整合之外。

　　本文旨在討論東亞地區經濟整合之背景、現況與主要問題，首先分析東亞經濟整合之進展與現況，分別說明以東協國家為主洽簽的東協FTA與「東協加一」FTA，以及刻正進行談判的RCEP；其次分析東亞經濟整合之重要議題，以及解析這些整合趨勢對臺灣的影響。最後，將提出臺灣觀點以及臺灣參與東亞經濟整合的策略。

貳、東亞經濟整合之進展與現況

一、東亞經濟整合：從東協FTA到「東協加一」FTA

　　東南亞國家協會（ASEAN）於1967年8月8日在曼谷成立，[1] 根據當時五個創始成員國簽署的「東協宣言」（ASEAN Declaration）內容，東協的宗旨與目標包括：（1）加速東南亞地區的經濟成長、社會進步與文化發展；（2）在持續尊重地區各國家的法律規範，以及在遵守聯合國憲章的原則下，促進區域的和平與穩定；（3）促進經濟、社會、文化、技術、科技等領域之合作與互助；（4）協助彼此進行教育、職業、技術等方面的訓練與研究；（5）合作推動農業、工業資源的利用、拓展貿易，包括研究大宗物資的國際貿易問題等。[2]

　　由《東協宣言》可知，雖然東協成立的主要動機係在政治與軍事考量，藉由東協國家間的政治結盟，共同抵禦區域外其他國家可能帶來的軍事威脅，及達到區域內的和平與非軍事化。[3] 然而，促進東南亞區域的經濟成長，以及發展農工業及推展貿易，確也為其最初合作的目標之一，惟其經濟整合進展遲緩，遲至1990年後期始成為東協整合的焦點。

---

[1] 五個創始成員國為印尼、馬來西亞、菲律賓、新加坡及泰國，其後汶萊於1984年1月8日加入，越南於1995年7月28日加入，寮國和緬甸於1997年7月23日加入，柬埔寨於1999年4月30日加入，形成東協10國。東帝汶（Timor Leste）亦位於東南亞，2002年5月20日獨立，並於2011年3月申請加入東協，現為東協觀察員。

[2] The Asean Declaration (Bangkok Declaration) (Bangkok: August 8, 1967).

[3] 1976年東協國家在印尼峇里島舉行首屆東協領袖會議（The First ASEAN Summit），會中簽署《東南亞友好合作條約》（Treaty of Amity and Cooperation in Southeast Asia, TAC），再次確立東協的基本原則，包括：（1）相互尊重彼此之間的獨立、主權、平等、領土完整性以及國家認同；（2）各國擁有免於其國家實體遭受外力干涉、顛覆或併吞的權利；（3）各國不得干涉其他國家內政；（4）須以和平方式解決歧見與爭端；（5）放棄採取威脅或動武的手段；（6）彼此之間有效合作。

　　東協領袖於1977年第二屆東協領袖會議中簽署「東協優惠性貿易協定」（Agreement on ASEAN Preferential Trading Arrangements），自此形成初具規模的區域經貿合作協定。[4] 1992年時，東協領袖通過「新加坡宣言」（Singapore Declaration），簽署「共同有效優惠關稅協議」（Common Effective Preferential Tariff, CEPT），宣示自1993年1月1日起在15年內建立東協自由貿易區（ASEAN Free Trade Area, AFTA），逐漸推動各成員國間關稅降至0%~5%，以達成建立AFTA之目標。1993年東協各國決議將建立AFTA的時間從2008年提前至2003年，較原先規劃的合作時程提前5年。[5]

　　2003年東協領袖決議在2020年建立「東協共同體」（ASEAN Community），[6] 2007年時各國領袖宣布將建立東協共同體的時程從2020年提前至2015年。[7] 各國通過「東協經濟共同體藍圖宣言」（Declaration on the ASEAN Economic Community Blueprint），期望在既有的經濟合作基礎上，遵循開放性、外向性、包容性及多邊市場經濟等運作原則。[8] 另

[4] 詳參《東協優惠性貿易協定》全文。ASEAN, *AGREEMENT ON ASEAN PREFERENTIAL TRADING ARRANGEMENTS* (Jakarta: ASEAN, 1977), http://cil.nus.edu.sg/rp/pdf/1977%20Agreement%20on%20ASEAN%20Preferential%20Trading%20Arrangements-pdf.

[5] 詳參黃登興，「東南亞經貿整合之歷程、現況與前瞻」，徐遵慈主編，東南亞區域整合——臺灣觀點（臺北：中華經濟研究院臺灣東協研究中心，2012年），頁50。

[6] 2003年東協在第九屆領袖會議中通過《峇里第二協約》（Bali Concord II），決議建立「東協共同體」（ASEAN Community），包括「東協政治—安全共同體」（ASEAN Political-Security Community）、「東協經濟共同體」（ASEAN Economic Community），與「東協社會—文化共同體」（ASEAN Socio-Cultural Community）三大支柱。

[7] ASEAN Summit, *Chairperson's Statement of the 12th ASEAN Summit H.E. the President Gloria Macapagal-Arroyo* (Jakarta: ASEAN, 2007).

[8] ASEAN Summit, *Declaration on the ASEAN Economic Community Blueprint* (Jakaria: ASEAN, 2007).

外，「東協經濟共同體路徑圖」則明確揭示未來經濟共同體之發展方向，包括創造單一市場與生產基地；具高度競爭力的經濟區域；平衡的區域經濟發展；與全球經濟體系完全整合的區域。[9]

在此同時，東協亦開始推動與其他東亞國家間之經濟整合計畫，使得東協自由貿易區的發展自此受到國際高度關注。1997年12月，東協邀請中國大陸、日本、韓國三國領袖出席領袖會議，自此開啟「東協加三」（ASEAN plus Three）的對話合作機制。1999年「東協加三」發表一份聯合宣言，宣布將成立東亞自由貿易區（East Asia Free Trade Area, EAFTA）。東協十國與東北亞三國加強經濟合作，尤其是當時的經濟強國日本，及成長潛力最被看好的中國大陸，使得亞洲區域整合備受重視，也促成全球經濟至此儼然出現亞洲、美洲、歐洲三足鼎立的主要格局。

其後，東協積極推動對外經貿關係，其中首推與各對話夥伴（Dialogue Partner）洽簽FTA。2001年東協與中國大陸簽署「東協─中國全面經濟合作架構協定」（Framework Agreement on Comprehensive Economic Cooperation between ASEAN and PRC），旨在2010年成立東協─中國自由貿易區；2003年時，再與日本簽署「東協─日本全面經濟夥伴關係架構協定」（the Framework for Comprehensive Economic Partnership between ASEAN and Japan, AJCEP），設定在2012年成立東協─日本自由貿易區；2005年東協與韓國簽署「東協─韓國全面經濟合作架構協定」（Framework Agreement on Comprehensive Economic Cooperation Among the Governments of the Member Countries of the Association of Southeast Asian Nations and the Republic of Korea），設定在2012年成立東協─韓國自由貿易區。2009年與紐西蘭、澳洲共同簽署「建立東協─澳洲─紐西蘭自由貿易區協定」（Agreement Establishing the ASEAN-Australia-New

---

[9] ASEAN, *Roadmap for an ASEAN Community 2009-2015* (ASEAN, 2009).

Zealand Free Trade Area, AANZFTA），計畫在2015年完成自由化。此外，東協雖早於2003年即與印度簽署「東協—印度全面經濟合作架構協定」（the ASEAN-India Framework Agreement on Comprehensive Economic Cooperation），但遲至2009年始簽署貨品貿易協定，預計將於2016年完成商品貿易自由化，[10] 該FTA也成為第一個橫跨南亞國家與東南亞地區兩個次區域機制的FTA。[11]

　　至此，經由東協推動成立五個「東協加一」FTA，使得東南亞與東北亞間初步建立南北向的貿易自由化網絡，東北亞國家彼此間雖已有如日本與蒙古已簽署FTA，尚未生效實施，[12] 但主要國家中、日、韓之間除中韓於2015年6月1日正式簽署FTA，希望爭取在2015年底前生效實施外，[13] 則尚未建立三邊FTA。[14]

二、RCEP：從「東協加一」FTA到「東協加六」FTA

　　東協在近10年期間，除分別簽署五個「東協加一」FTA外，也針對

---

[10] 東協與印度簽署《印度－東協全面性經濟合作架構協定》後，現階段已有貨品貿易及爭端解決機制生效實施，另亦已在2014年完成服務貿易協定及投資協定之談判與簽署，預計在2015年7月生效實施。參見ASEAN Secretariat, *Overview of ASEAN-India Dialogue Relations*, http://www. asean.org/news/item/overview-of-asean-india-dialogue-relations。

[11] 2005年SAARC同意中國大陸與日本擔任觀察員，2006年則美國、南韓與歐盟也成為觀察員。

[12] 日本與蒙古自2012年開始洽談日—蒙經濟夥伴協定（Japan-Mongolia Economic Partnership Agreement），在2015年2月10日簽署，參見https://aric.adb.org/fta/japan-mongolia-economic-partnership-agreement。

[13] 黃巧雯，「中韓FTA經部：中長期影響大」，中央通訊社（2015年6月1日），http://www.cnabc.com/ news/topnews/201506010023.aspx。

[14] 中、日、韓刻正進行三邊FTA談判，已於2015年8月完成第八回合談判。參見「陸商務部：中日韓FTA談判擬9月再啟」，中央通訊社（2015年8月14日），http://www.cna.com.tw/news/acn/201508140391-1.aspx。

「東協加三」國家提出推動建立「東亞自由貿易區」（East Asian Free Trade Area, EAFTA），以及「東協加六」國家推動建立「東亞全面經濟夥伴協定」（Comprehensive Economic Partnership for East Asia, CEPEA）等倡議，展開研議，惟遲無具體進展。

　　2011年8月，第四十三屆東協經濟部長會議（ASEAN Economic Ministers Meeting, AEM）召開期間，東協國家首次提出RCEP之倡議，目的在整合既有「東協加一」FTA，作為未來區域內整體FTA之架構。[15] 隨後，東協領袖通過「東協區域全面經濟夥伴關係架構文件」（ASEAN Framework for Regional Comprehensive Economic Partnership），文件中訂定RCEP發展之基本原則。[16] 2012年11月，東協與前述六個FTA夥伴國領袖在第二十一屆東協高峰會上，共同發表「啟動RCEP談判聯合聲明」（Joint Declaration on the Launch of Negotiations for the Regional Comprehensive Economic Partnership），正式宣布啟動RCEP談判。聲明中表示，RCEP談判將於2013年開始，於2015年底前完成，至此確定RCEP將成為東協與東亞整合的正式途徑。[17]

　　目前，RCEP下的16個成員國已於2013年5月展開第一回合談判，至2015年8月已進行九回合談判，以及召開三屆RCEP部長級會議，預計在2015年前底舉行十個回合談判。RCEP談判主要聚焦於八項議題，包括貨

---

[15] Association of Southeast Asian Nations, "Joint Media Statements of the 43rd ASEAN Economic Ministers（AEM）Meeting Manado, Indonesia, 10-11 August 2011," (August 10-11, 2011), http://www.asean.org/news/item/joint-media-statements-of-the-43rd-asean-economic-ministers-aem-meeting- manado-indonesia-10-11-august-2011.

[16] Association of Southeast Asian Nations, "ASEAN and FTA Partners Launch The World's Biggest Regional Free Trade Deal," 2012, http://www.asean.org/news/asean-secretariat-news/item/asean-and-fta-partners-launch-the-world-s-biggest-regional-free-trade-deal.

[17] "Joint Declaration on the Launch of Negotiation for the Regional Comprehensive Economic Partnership," 2012, http://www.meti.go.jp/press/2012/11/20121120003/20121120003-2.pdf.

品貿易、服務貿易、投資、經濟與技術合作、智慧財產權、競爭政策、爭端解決、其他議題等。

　　RCEP擁有五項主要特性，包括「東協中心性」、特殊與差別待遇、與WTO一致性、談判過程具彈性、開放性條款。RCEP已明確承諾將給予CLMV國家「特殊與差別待遇」（Special and Differential Treatment）。

　　根據東協秘書處所做分析，認為五個「東協加一」FTA成效有限，原因包括：各FTA的關稅自由化承諾不高；原產地規定不一，並非全對產業有利；服務業超過WTO承諾（即GATS Plus）的開放程度十分有限；貿易便捷化內涵過於籠統等，因此認為RCEP將有助改善「東協加一」FTA的效益，降低「義大利麵碗」造成的高成本影響。更重要者，鑒於東亞區域正陸續出現可能威脅「東協中心性」的中日韓FTA及TPP，因此RCEP如能順利成形，將有助鞏固「東協為中心」的地位。[18] 這些原因，使得RCEP自2011年以來迅速獲得6個FTA夥伴國的支持，尤其獲得中、日、韓三國的支持。其中，日本雖然已加入TPP之談判，但是對於RCEP一直抱持積極立場，日本經濟產業省更早於「通商白皮書2012」中明確揭露對於RCEP所擬定的具體參與策略。而中國大陸因為對於美國主導的TPP仍多顧慮，尚未準備加入TPP，因此對於東協為核心的RCEP給予極大的支持。

　　不過，從RCEP已進行九回合談判的內容觀察，主要談判內容集中於貨品貿易談判，然而由於不同國家對於關稅減讓模式、零關稅排除適用之可容許程度等議題意見分歧，以致最新談判結果已大幅調降各國原本期許之「高標準」自由化目標。在服務貿易方面，RCEP各國在前幾回合談判中已就服務貿易之基本要素、協議文本、涵蓋範圍、市場進入方式與門檻、市場開放期程及與投資關聯性等事項取得原則性之共識，但最新談判

---

[18] 詳參Taking ASEAN+1 FTAs towards the RCEP: A Mapping Study (ERIA, January 2013).

結論傾向採取正面表列的開放模式，雖其將加入最惠國待遇（MFN）、不倒退（Ratchet）與凍結（Standstill）條款，但也將影響服務貿易之自由化目標。在投資議題方面，各國則原則同意採取負面表列方式，另並同意納入較具爭議性的投資人與地主國爭端解決機制（investor-state dispute settlement, ISDS）。[19]

　　總體而言，RCEP前九回合談判，雖在貨品貿易方面獲得初步成果，但距離其原本研議推動90~95%關稅減讓涵蓋率的自由化目標，已相去甚遠，至於在服務貿易、投資議題之進展則更加緩慢，凡此均顯示RCEP談判重點仍在貨品貿易與關稅，而對於服務業與投資自由化之興趣相對較低。儘管如此，雖然東協各國一直以來均對於在2015年底如期完成RCEP談判表達樂觀態度，但在2015年8月召開的第三屆「RCEP部長會議」會後發布之聯合媒體聲明中，RCEP各國部長首次宣佈，將在2015年底前完成實質議題之談判，部分技術性細節則將留待2016年繼續完成。[20]

參、亞太經濟整合之重要議題

一、不同FTA間的競合關係與「東協中心性」

　　東亞地區FTA林立，東亞國家積極參與各項FTA，均導致東亞地區不同FTA間競合情形明顯，對於FTA談判、範圍、進展以及執行成效等可能

---

[19] 參見經濟部國際貿易局彙整談判進展資料，http://www.trade.gov.tw/Pages/ List.aspx?nodeID= 1320。

[20] 參見Joint Media Statement, the Third Regional Comprehensive Economic Partnership (RCEP) Ministerial Meeting (Kuala Lumpur, Malaysia: August 24, 2015), http://www. asean.org/ images/2015/August/47th-aem/10%20-%20JMS%20RCEP%203%20MM%20-%20Final%20 20150824rev.pdf.

產生一定影響。自東協倡議及推動RCEP以來，即深受TPP的影響。美國欲藉由TPP重返亞洲，間接催生RCEP，並制定2015年完成談判的計畫；而TPP標榜的黃金標準FTA，也促使RCEP決定以高標準自由化為談判目標，不讓TPP專美於前。

　　另一個與RCEP競合的FTA，則是東北亞地區最重要的政治與經濟實體中、日、韓三國間的FTA談判進展。[21] 中日韓三國FTA的倡議始自1999年11月，時任中國大陸總理朱鎔基、日本首相小淵惠三及韓國總統金大中決定委由三國各自授權其智庫展開三國FTA研究。[22] 2012年11月，三國領袖正式宣布啟動中日韓FTA談判，惟至2013年4月因中、日釣魚臺領土爭議導致談判進展延宕。不過，基於三國對於投資議題的重視，已在2012年5月13日順利簽署「中國－日本－韓國關於促進、便利和保護投資協定」，並已於2014年5月17日生效實施，顯示三國經貿談判並未全然中止，[23] 惟FTA因涉及談判事務複雜，且三國已在RCEP架構下進行談判，因此預料短期內應不致有實質進展。

　　東亞地區不同FTA間的競合關係，也可能導致「東協中心性」的地位受到動搖。「東協中心性」（ASEAN Centrality）為東協推動整合的一項

---

[21] 根據世界銀行（World Bank）之定義，東北亞地區包括中國大陸、日本、北韓、南韓、蒙古、香港、臺灣、俄羅斯（遠東及西伯利亞地區），而以中、日、韓（南韓）三國為最主要經濟體。詳參Nathalie Aminian, "Integration of Markets vs. Integration by Agreements," *World Bank* (2008), p. 6, http://www-wds.worldbank.org/servletWDSContentServer/WDSP/IB/2008/03/04/000158349_20080304084358/Rendered/PDF/wps4546.pdf.

[22] 2000年中國大陸國務院發展研究中心（Development Research Center, DRC）、日本綜合開發研究院（National Institute for Research Advancement, NIRA）及韓國對外經濟政策研究院（Korea Institute For International Economic Policy, KIEP）獲得三國政府正式授權，簽署共同合作研究協議。

[23] 張雁雯，「中日韓投資協定17日生效」，中國電子報，2014年5月15日，http://www.chinatimes.com/newspapers/20140515000990-260301。

主要策略與原則，廣泛出現在東協官方文件，其最重要的精神有二，即「東協方式」（ASEAN Way）的延續與區域內權力的平衡。過去以來，東協藉由與周邊國家簽署「東協加一」FTA，以及邀請其他國家如美、俄參加「東亞高峰會」，得以在經濟發展上維持東協之地位與主導區域整合的方向與內容，然而從「東協加三」、「東協加六」倡議因中、日等大國的立場不同，以致進度延宕的經驗觀之，東協在RCEP的談判架構下須同時與中、日、印度等大國交手，「東協中心性」的原則自然備受壓力。

　　根據ADB發布的「2013年亞洲發展展望報告」（Asian Development Outlook 2013），ADB即指出，RCEP成員中之區域強權如何在RCEP談判中尊重「東協中心性」，係政治上一大挑戰。此外，東協國家中經濟發展程度較高的國家與較落後的經濟體，亦將在RCEP談判過程中面對不同之利益考量，也將挑戰東協的內部凝聚力，進而影響「東協中心性」。TPP與中日韓FTA的談判進度亦將影響RCEP的重要性，東協必須確保RCEP的談判速度一路領先，否則恐將影響東協與RCEP的地位。

二、服務貿易與投資自由化程度保守與進展遲緩

　　分析五個「東協加一」FTA內容及實際執行情形，可發現該等FTA係以貨品貿易自由化為重點，目的在調降各國間之貨品關稅，對於服務貿易與投資自由化，則程度明顯較低。

　　雖然東協成員在1995年12月即簽署「東協服務業架構協定」（ASEAN Framework Agreement on Services，以下簡稱AFAS），以彼此開放服務貿易，然因彼時WTO剛成立，「服務貿易總協定」（General Agreement on Trade in Services, GATS）亦頃生效實施，因此東協國家對於推動服務貿易自由化並不熱衷。

　　1996年1月，東協服務業協調委員會（Coordinating Committee on Services, CCS）成立，專門負責進行區域服務貿易自由化談判，以推動當

時決議列為優先自由化領域的7項服務業部門，分別為：空運、海運、商業服務業、營建、金融、通訊、觀光。其後，東協對於不同服務業部門的自由化順序略有調整，目前最重要的6項部門為商業服務業、營建、醫療、物流與運輸、資通訊科技、觀光，各自設有工作小組專司自由化推動事宜。

依AFAS規定，東協國家應以三年為一回合，進行部門別的服務業談判，撤除特定服務業部門中影響服務貿易的措施。自1996年1月至今，東協已經展開過數個回合的服務貿易自由化談判，各國提出服務部門開放水平承諾表、特定部門承諾表與最惠國待遇豁免清單等。然根據東協研究機構所進行之分析，迄今雖「東協加一」FTA涵蓋服務貿易自由化之承諾，惟如檢視其具體承諾內容，則僅含有限的WTO Plus承諾，僅小幅超越各國對所有WTO成員提出之服務貿易市場進入承諾。[24]

在投資方面，東協國家在1980年代即簽署「東協投資保證協定」（ASEAN Investment Guarantee, IGA）與「東協投資區域協定」（ASEAN Investment Area, AIA）及相關議定書。[25] 2009年2月，東協簽署「東協全面性投資協定」（ASEAN Comprehensive Investment Agreement, ACIA），自2012年3月29日生效，取代IGA與AIA。不過，雖然ACIA幾乎涵蓋所有投資部門，內容與國際規範一致，惟實際上因各國國內規章並未同步配合放寬，因此實質上投資障礙甚多，距離自由化的目標還有一段差距。

三、各個FTA間的「義大利麵碗」效應

東亞地區FTA林立，不僅各個「東協加一」FTA彼此降稅幅度、期

---

[24] Yoshifumi Fukunaga & Ikumo Isono, "Taking ASEAN+1 FTAs towards the RCEP: A Mapping Study," *Working Papers DP-2013-02* (Jakarta: Economic Research Institute for ASEAN and East Asia (ERIA), 2013), p. 2.

[25] IGA與AIA分別於1987年與1988年簽署。

程、原產地規定等內容不盡相同，各國洽簽的雙邊FTA內容與對象亦多所重疊，導致「義大利麵碗效果」（Spaghetti-Bowl Effect）十分明顯，大幅增加產業界使用FTA的成本，降低推動經濟整合帶來的正面效益。

根據亞洲開發銀行（ADB）於2008年起陸續針對中國大陸、日本、韓國、菲律賓、新加坡及泰國等進行FTA利用情況之調查。最新的調查計畫對841家製造業廠商進行調查，[26] 調查結果顯示，28%的廠商表示使用過FTA優惠，25%的廠商預計將會使用。在國家別調查方面，東北亞國家中以中國大陸（45.1%）利用率最高，其次是日本（29%），再其次是韓國（20.8%）；在東南亞國家中，則以泰國（24.9%）利用率最高，其次為菲律賓（20%）與新加坡（17.3%）。

如分析廠商未使用FTA原因，可發現主要原因大致包括：對於FTA優惠關稅缺乏足夠瞭解、出口目的國執行稅率為0%或FTA優惠幅度過小，以及原產地規則所造成的延遲及管理成本太高等。另外，在東南亞地區中，很多FTA的原產地規則採用區域價值含量（Regional Value Contents, RVC），一般要求係40%以上，但是由於東協國家因電子產品等原料及零配件往往需要依賴進口，因此並不容易滿足原產地規定區域價值含量須達40%以上的要求，以致妨礙企業使用FTA優惠。此類具體的實例顯示「義大利麵碗效果」確已增加企業的交易成本及時間成本，限制FTA的貢獻與成效。[27]

根據東協秘書處委託東協暨東亞經濟研究院（Economic Research Institute for ASEAN and East Asia, ERIA）進行的研究指出，RCEP有助東協改善「東協加一」FTA的效益，降低「義大利麵碗效果」造成的高成本

---

[26] Kawai and Wignaraja (2011)。

[27] 參見陳逸潔等，「東亞國家自由貿易協定優惠關稅利用率之比較」，WTO中心電子報，第276期（2011年9月16日），http://www.wtocenter.org.tw/SmartKMS/www/Epaper/wtoepaper/article279.htm。

影響，因此建議RCEP談判在原產地之規定必須先予以整合，另外亦應在貿易與投資便捷化談判獲得較明顯之成果，才有助改善目前區域內的「義大利麵碗效果」。[28] 不過，由於目前RCEP談判結果將大幅調降原本研議之自由化目標，便捷化之談判成果亦恐有限，因此短期內「義大利麵碗效果」恐難有效改善。

四、東協國家發展差距持續擴大

東協六國與四個新進成員國柬埔寨、寮國、緬甸、越南（簡稱CLMV國家）間發展程度不一，富裕國家如新加坡、汶萊的平均國民收入超過4萬美元，貧窮如柬埔寨、寮國年均收入低於一千美元，此一發展差距（development gap）為東協區域整合之重要課題。目前東協係以提供這些國家較長的自由化緩衝期等差別待遇，以協助其降低自由化之衝擊，惟其作法效果有限，因此遭致甚多批評。

2009年東協領袖通過「東協連結宣言」（Statement on ASEAN Connectivity），隨後通過「東協連結整體規劃」，縮小發展差距為其目標與挑戰之一，目的在將東協國家之人民、貨品、服務及資本更緊密地連結，主要涵蓋實體連結（physical connectivity）、制度性連結（institutional connectivity）及人員連結（people to people connectivity）。[29]

---

[28] 詳參"Taking ASEAN+1 FTAs towards the RCEP: A Mapping Study", *ERIA* (Jakarta Pusat: January 2013)。

[29] 實體連結包含交通、資通訊及能源；制度連結包含貨品貿易、服務貿易及投資之自由化與便捷化、相互承認協定／安排（Mutual Recognition Agreement/arrangement）及能力建構計畫等；人際連結則涵蓋教育、文化及旅遊。透過加強實體與制度連結，可降低貨品貿易、服務貿易及投資之成本，並可藉由拓展生產與配送之網路來縮小區域發展差距、增進人際之間的連結，以最終達成東協共同體之概念。ASEAN Secretariat, *Master Plan on ASEAN Connectivity* (Jakarta: ASEAN, January 2011), http://www.asean.org/images/2012/publications/Master%20Plan%20on%20ASEAN%20Connectivity.pdf.

發展差距與基礎設施不足，均將窒礙經濟整合與自由化的步調及效果。尤其雖然RCEP將給予柬埔寨、寮國、緬甸等特殊與差別待遇，允許其較長的降稅期程，但是這些國家是否能自RCEP受惠，將影響RCEP未來的發展方向與成效。

肆、臺灣的策略與觀點

東亞經濟歷經近30年相互貿易、投資，以及洽簽FTA的整合過程，逐漸加深經貿合作與互賴，不僅造就整體區域經濟的繁榮發展，建立日趨完整的區域價值鏈，也是促進東亞區域得以維持大致和平穩定的重要推手。

目前RCEP已確定將取代過去「東協加三」、「東協加六」的倡議，將可望建立一個涵蓋16國的自由貿易區，成為全球涵蓋人口數量最大的FTA，未來更將開放其他經濟體參加。RCEP一旦完成談判且付諸實施，將降低東南亞、東亞與南亞國家間之關稅，提升區域內貿易及投資自由化程度，促進貿易、投資活動，進而使得東亞區域內之貿易互賴與生產網絡更為緊密。不過，由於東協推動之經濟整合模式與RCEP談判目標並非高標準之FTA，因此未來東協/東亞區域內所既存之各FTA林立且「義大利麵碗」效應明顯、服務業與投資自由化進展遲緩等現象，恐仍將持續存在。

東協係我國重要之貿易與投資夥伴，我與若干東協國家長期以來已建立緊密經貿關係，包括越南、泰國、馬來西亞、菲律賓、印尼等，皆為臺商在東南亞地區的重要出口市場與投資目的地。過去我國因政治因素不易與非邦交國簽署FTA或參與區域經濟整合倡議，以致除了與中國大陸簽署「經濟合作架構協議」（ECFA），與紐西蘭、新加坡已簽署雙邊ECA外，尚未能與其他RCEP國家簽署雙邊ECA。未來我國如持續被排除在東亞區域經濟整合潮流之外，將對我製造業及服務業等部門之產業發展帶來重大影響，尤其恐將影響我國產業參與東南亞區域產業供應鏈之地位與角

色。

　　鑒於融入區域整合為政府重要的政策目標，政府於2011年「黃金十年」國家願景計畫中，即正式將「開放布局」列為施政主軸，並提出四大努力方向，包括：（一）積極洽簽經貿協定，融入區域整合，連結亞太，布局全球；（二）進一步邁向經濟自由化，以吸引跨國企業在台設立區域營運總部；（三）打造臺灣成為全球企業進出亞太市場的最佳門戶；（四）逐步創造條件，以加入TPP作為努力目標。

　　2014年1月，馬總統在元旦文告中，清楚闡明政府將以「雙軌並進」、「全民同心」之方式推動臺灣加入TPP與RCEP，[30] 並親自主持國際經貿策略小組會議，聽取加入TPP及RCEP之規劃與策略。在此同時，政府宣示我國推動洽簽雙邊FTA的政策，將依據「多元接觸，逐一洽簽」的原則，推動與主要貿易夥伴國洽簽經濟合作協定（Economic Cooperation Agreement, ECA）[31] 或FTA，以在2020年時達成臺灣簽署ECA所占貿易額達臺灣對外總貿易額60%作為目標。[32]

　　根據2012年8月東協經濟部長會議所通過之「RCEP談判指導原則與目標」（Guiding Principles and Objectives for Negotiating the Regional Comprehensive Economic Partnership），[33] RCEP將在16國完成談判後，在

---

[30] 中華民國總統府新聞稿，「總統主持中華民國103年開國紀念典禮暨元旦團拜」，中華民國總統府（2014年1月1日），http://www.president.gov.tw/Default.aspx?tabid=131&itemid=31546&rmid=514&sd=2014/01/01&ed=2014/01/01。

[31] ECA與FTA的名稱雖不同，但實質上同為自由貿易協定。臺灣對外洽簽貿易協定以ECA為名的原因，在於其可能淡化主權國家的色彩。

[32] 經濟部經貿談判代表辦公室，「我國與主要貿易國家（美國、新加坡、歐盟、東協、日本、紐西蘭、印度、澳洲等國）之FTA洽簽進展情形」（2013年1月7日），http://www.moea.gov.tw/Mns/otn/content/Content.aspx?menu_id=5457。

[33] The 19th ASEAN Economics Ministers Retreat and Related Meetings, http://aemretreat19.vn/Show.aspx?newsid=605&catid=094。

各國同意的條件下，開放給其他未參與談判的東協FTA夥伴國以及「外部經濟夥伴」（external economic partners）參加，[34] 此即一般所稱之「開放性條款」，即為我國希望爭取參加的法律基礎。

　　針對東亞經濟快速整合，RCEP談判達陣在即，本文提出我國應如何因應及參與區域整合之政策建議如下：

一、積極推動自由化及宣示我國融入區域經濟之決心

　　我國如欲爭取簽署雙邊FTA或加入TPP與RCEP，皆須對外開放市場及放寬經貿管制，然而由於我國一直未能對外展現我國願意大刀闊斧開放市場的決心，以致美國等國認為我國對於加入TPP「還沒有準備好」。

　　TPP與RCEP二者皆將涵蓋農、工、服務業市場之開放，以及其他「超越WTO」（WTO Plus）內涵的議題，例如智慧財產權、投資、競爭政策、環境、勞工等，我國必須有所因應與準備。如從關稅涵蓋率來看，RCEP對於自由化的要求雖低於TPP，但未來亦將爭取80%以上的貨品自由化，因此我國加入TPP與RCEP同樣須面對開放市場壓力，這部分國內必須在未來數年內建立共識。由於東協國家中除新加坡外，主要外銷產品涵蓋農產品、勞力密集產品等，國內保護農業與傳統產業的立場如不適度調整，未來ECA、TPP與RCEP的談判均將面臨重大壓力。在服務業自由化方面，諸如自然人移動等議題，也都是東協國家對外洽簽FTA時的談判議題，實例如菲律賓與日本談判經濟夥伴協定（EPA）時，即要求日本開放菲國醫護人員等至日本工作之限制。

---

[34] "Any ASEAN FTA Partner that did not participate in the RCEP negotiations at the outset would be allowed to join the negotiations, subject to terms and conditions that would be agreed with all other participating countries. The RCEP agreement will also have an open accession clause to enable the participation of any ASEAN FTA partner that did not participate in the RCEP negotiations and any other external economic partners after the completion of the RCEP negotiations."

二、加速推動ECFA後續談判及爭取與其他重要貿易夥伴洽簽ECA

加入TPP或RCEP的同時，我國應持續進行ECFA後續談判，同時應務實地在東南亞、亞洲國家中選擇洽簽ECA的適當對象，進而展開接觸與遊說工作。惟臺灣平均關稅水準低於東協國家（新加坡除外），再加上臺灣內需市場規模有限，因此如欲吸引其他國家洽簽ECA，必須提出具有足夠吸引力的開放承諾，以及經濟技術合作事項。此外，我國過去以來對東協國家提供官方援助（ODA）或技術協助、能力建構計畫之規模與公眾能見度，較之中國、日本以及近年之韓國等仍屬有限，未來在洽簽ECA時，亦須調整適當的ODA政策。

三、全面檢視與東協各國經貿關係以重振我對東協投資布局

我國應全面檢視與東協、東亞國家經貿關係，尤其應積極加強與這些國家的經貿、投資、產業合作、文化、教育等實質往來，同時重新構思務實、可行的提升雙邊關係作法。

自2000年以降，我國企業因將營運布局重心置於中國大陸，使得我與東南亞國家間的經貿關係逐漸疏離，政府應藉由我國與東協國家洽簽ECA及推動加入RCEP等機會，重整臺商在東南亞投資布局的興趣與氣勢。此外，我國應針對已在當地投資的成功臺商，研析其投資營運模式，列入成功臺商投資案例研究，以降低其他臺商至東協國家投資布局之困難。

而針對2014年以來國內各界對於兩岸服貿協議的激烈辯論，甚至抗爭，政府應依據最新發展，適度調整參與區域整合的策略與作法，包括：（1）在雙邊ECA方面：應在獲得民意的支持與符合社會期待的程序下，通盤規劃、進行兩岸貿易談判與自由化之速度。（2）在複邊協定方面：應研究在「雙軌並進」原則下「分批加入」TPP與RCEP的方式，即雖然我國爭取同時加入RCEP與TPP，但實際作法上應視國內意見、產業需求、主要國家反應等不同因素，擬定TPP與RCEP的先後順序，訂定兩階

段行動綱領。此外，針對國內各界對於兩岸貿易談判與洽簽FTA的關切日深，政府在對外推動參與區域整合的同時，更應加強國內政策評估、研擬、溝通與宣導；擴大產業衝擊與輔導機制之預算規模與執行透明化機制等。

　　另須提出者，TPP與RCEP訂有「開放性條款」，未來可望在一定條件下，開放其他有興趣的國家或經濟體加入，但我國是否可以順利適用該「開放性條款」，仍需爭取已加入國家的一致支持。為避免政治問題干擾國內各界的努力，我國應透過兩岸已開啟之共同研究，爭取中國大陸在國際場合，公開發表支持臺灣以區域重要經濟體參與區域經濟整合，包括支持臺灣在RCEP的參與，同時應肯定臺灣過去以來在區域經濟上扮演之重要角色與貢獻。此種明確的支持，有助我國化解其他國家可能的疑慮，亦將有助兩岸貿易談判的進行，大陸應掌握此一契機，爭取在改善兩岸經貿關係上發揮主動且關鍵性的功能。

參考書目

中文部分

WTO整合資料庫（Integrated Data Base, IDB），http://web.wtocenter.org.tw/Node.aspx?id=14450。

中央通訊社，www.cna.com.tw/。

中國自由貿易區服務網，「中國—東盟自貿區」，http://fta.mofcom.gov.cn/ dongmeng/dm_xieyijianjie.shtml。

中國時報，http://www.chinatimes.com/newspapers/2601。

日本首相官邸網站，「日本経済再生に向けた緊急経済対策」について，http://www5.cao.go.jp/keizai1/keizaitaisaku/2013/0111_01siryo.pdf.

邱奕宏，「從東協自貿區到東協經濟共同體的東協經濟整合之評析」，**貿易政策論叢**，第18期（臺北：全國工業總會貿易發展委員會，2012年），頁89~127。

徐遵慈，「我國與東協經貿關係之現狀盤點與再出發」，**紡織月刊**，第201期（臺北：財團法人中華民國紡織業拓展會，2013年），頁49~55。

徐遵慈，「東協推動『區域全面經濟夥伴協定』之研析與我國之因應」，**戰略安全研析**（臺北：國立政治大學國際關係研究中心，2012年），頁5~12。

徐遵慈，**印度與東協、韓、日、中洽簽FTA對我之影響與我因應策略之研究**（臺北：中華經濟研究院，2010年）。

陳逸潔等「東亞國家自由貿易協定優惠關稅利用率之比較」，**WTO中心電子報**，第279期（2011年9月16日），http://www.wtocenter.org.tw/SmartKMS/www/Epaper/wtoepaper/article279.htm。

黃登興，「東南亞經貿整合之歷程、現況與前瞻」，徐遵慈主編，**東南亞區域整合——臺灣觀點**（臺北：中華經濟研究院臺灣東協研究中心，2012年），頁45~51。

經濟部國際貿易局，「區域全面經濟夥伴協定（RCEP）」，http://www.trade.gov.tw/Pages/List.aspx?nodeID=1320。

經濟部經貿談判代表辦公室，「我國與主要貿易國家（美國、新加坡、歐盟、東協、日本、紐西蘭、印度、澳洲等國）之FTA洽簽進展情形」（2013年1月7日），http://www.moea.gov.tw/Mns/otn/content/Content.aspx?menu_id= 5457。

英文部分

ASEAN Secretariat, "ASEAN Framework for Regional Comprehensive Economic Partnership," (2011).

ASEAN Secretariat, "Guiding Principles and Objectives for Negotiating the Regional Comprehensive Economic Partnership," (2012), http://www. asean.org/.

ASEAN Secretariat, "Overview of ASEAN-India Dialogue Relations," http:// www. asean.org/news/item/overview-of-asean-india-dialogue-relations.

ASEAN Summit, "Chairperson's Statement of the 12th ASEAN Summit H.E. the President Gloria Macapagal-Arroyo," (2007).

ASEAN Summit, *Declaration on the ASEAN Economic Community Blueprint* (Jakarta: ASEAN, 2007).

ASEAN, *The ASEAN Declaration (Bangkok Declaration)* (Jakarta: ASEAN, 1967).

ASEAN, *The Treaty of Amity and Cooperation in Southeast Asia* (Jakarta: ASEAN, 1976).

ASEAN, *AGREEMENT ON ASEAN PREFERENTIAL TRADING ARRANGEMENTS* (Jakarta: ASEAN, 1977), http://cil.nus.edu.sg/rp/pdf/1977%20Agreement%20on%20ASEAN%20Preferential%20 Trading%20Arrangements-pdf.

ASEAN, *Roadmap for an ASEAN Community 2009-2015* (Jakarta: ASEAN, 2009).

ASEAN, "Joint Media Statements of the 43rd ASEAN Economic Ministers (AEM) Meeting Manado, Indonesia, 10-11 August 2011," (August 10-11, 2011), http://www.asean.org/news/item/joint-media-statements-of-the-43rd-asean-economic-ministers-aem-meeting-manado-indonesia-10-11-august-2011.

ASEAN, "ASEAN and FTA Partners Launch The World's Biggest Regional Free Trade Deal," (2012), http://www.asean.org/news/asean-secretariat-news/item/asean-and-fta-partners-launch-the-world-s-biggest-regional-free-trade-deal.

ASEAN, *Master Plan on ASEAN Connectivity*, http://www.asean.org/images/2012/publications/Master%20Plan%20on%20ASEAN%20Connectivity.pdf.

ASEAN, "Joint Media Statement, the Third Regional Comprehensive Economic Partnership (RCEP) Ministerial Meeting," (Luala Lumpur, Malaysia, August 24, 2015), http://www.asean.org/images/2015/August/47th-aem/10%20-%20JMS%20RCEP%203%20MM%20-%20Final%20 20150824rev.pdf.

Asian Development Bank, *Asian Development Outlook 2013* (August 2012), http://www.adb.org/projects/documents/asian-development-outlook-2013-tar.

ERIA, "Taking ASEAN+1 FTAs towards the RCEP: A Mapping Study," (January 2013).

Ministry of Economy, Trade and Industry of Japan, "Joint Declaration on the Launch of Negotiation for the Regional Comprehensive Economic Partnership," (2012), http://www.meti.go.jp/press/2012/11/20121120003/20121120003-2.pdf.

Nathalie Aminian, "Integration of Markets vs. Integration by Agreements," *World Bank* (Washington DC, 2008), p. 6, http://www-wds.worldbank.org/servletWDS ContentServer/WDSP/IB/2008/03/04/000158349_20080304084358/Rendered/PDF/wps4546.pdf.

Yoshifumi FUKUNAGA & Ikumo ISONO, *Taking ASEAN+1 FTAs towards the RCEP: A Mapping Study, ERIA Discussion Paper Series* (Jakarta: Economic Research Institution for ASEAN and East Asia, January 2013).

中韓FTA與RCEP發展

中韓FTA之內涵與臺灣的挑戰和因應

李淳

（中華經濟研究院WTO及RTA中心副執行長）

摘要

中國—韓國自由貿易協定於2015年6月1日簽署，同年12月20日生效。相較韓國過去跟美、歐等國簽的FTA，中韓FTA雙方提供的關稅及其他優惠均相當有限，但實際上該協定有許多「後續擴大談判」條款。因此2015年簽署的中韓FTA的特徵，是具備強烈的分階段到位及「與時俱進」的性質，意味著中韓FTA實際的自由化程度，將會在未來幾年內陸續展現，臺灣不應掉以輕心。

然而，中韓FTA之設計及安排，給予臺灣大約二年的時間追上韓國。臺灣回應中韓FTA最直接、有效的方式，當然是加速通過兩岸監督條例、完成服貿協議的審議，以及貨貿協議之談判。但以目前的政治氛圍，以及社會對政府的信任感不足的局面，恐有困難。本文建議更有效可行的方式，則是歸納彙整已經完成的兩岸協議中，有哪些工具能提供類似於中韓FTA的效果。

關鍵詞：中韓FTA、兩岸經貿協議、經貿自由化、關稅及服務業開放、非關稅措施

壹、前言

中國—韓國自由貿易協定（以下簡稱中韓FTA）於2015年6月1日正式簽署，並於同年12月20日生效。中韓FTA之自由化程度與原本外界預期有相當的落差；相較韓國過去跟美、歐、加等國簽的FTA，中韓FTA韓國取得的關稅及其他優惠相當有限，可以看出雙方是希望速度、內容兼顧，並以分階段開放的方式持續擴大其自由化效益。

韓國是臺灣在經貿上主要的競爭對手，而中國又是臺韓二國最大的貿易夥伴，因此臺灣一向非常關注中韓FTA的進展（韓國亦關注兩岸ECFA及後續服貿、貨貿協議之進展）。對臺灣來說，中韓FTA的初期衝擊確實低於原先預想，但由於未來幾年，中韓仍會持續擴大談判持續開放。因此雖然短期內或無直接影響，然而對臺灣的衝擊將持續增加。特別是在兩岸經貿協議無具體進展的情況下，倘若韓國業者藉由中韓FTA降低關稅、非關稅及服務／投資障礙，臺灣絕不應安枕無憂，應該藉時間爭取空間，找尋因應衝擊之道。本文以下將由中韓FTA之談判緣起為基礎，探討中韓FTA之特徵、主要開放程度與兩岸協議之比較，以及對臺灣之挑戰及因應之道。

貳、中韓FTA之背景與進程

一、中韓雙邊經貿結構

由於貿易結構之差異，中韓雙方FTA談判面對許多挑戰。在基本貿易關係中，中國同時是韓國之第一大貿易夥伴、第一大出口市場和第一大進口來源地。於此同時，中國過去長期處於對韓貿易逆差之關係。以中國商務部公布之國別貿易報告為例，[1] 2014年韓國對中國出口金額高達1453.3

億美元（美、日分別排名第二、三），占韓國出金額的25.4%（第二、三名之美、日兩國僅占12.3%、5.6%），同年中國亦為韓國最大進口來源，2014年進口金額為900.75億美元，占韓國進口總額的17.1%（第二名之美國占10.2%）；二者相減後，韓國對中國之貿易順差高達552.6億美元。

　　當然以上之貿易統計係以進出口原產地作為統計基礎，但中韓貿易中，如同臺灣與亞太國家之貿易結構，有許多品項屬於中間投入之零組件或生產製造之資本財（如工具機）。而在中韓雙邊關係中，特別是中國對韓國之貿易逆差，必然存在著利用此類進口品進行加值後再銷售世界。故若由附加價值貿易（trade in value-added）之角度觀察，中國之貿易逆差並不意味著必然處於不利之地位。除貿易關係外，FTA等經濟整合協定亦有促進投資等效果。從此一角度觀察，中國亦為韓國之主要海外投資地；2012年時韓國直接投資中國金額為30.7億美元（我國同期直接投資金額為61.9億美元），同一時期中國對韓之投資則低於5億美元，比例懸殊。

　　在此一經貿結構下，韓國認為推動中韓FTA之意義，首先在經濟層面可強化韓國在高速成長之中國市場中面對日本及臺灣之競爭時，捷足搶先攻占商機。同時有鑑於韓國在中國市場的高度投資，透過中韓FTA建立的貿易及投資規則，為韓國在中國超過2萬家的韓國企業提供更好的保護機制。再者，由於中韓FTA降低的關稅及非關稅限制，再加上其已經完成的美韓、歐韓等FTA網絡，非但可吸引外資赴韓國投資之誘因，更可促使韓商回流，除可增加就業機會外，亦可減少對中國經濟依賴的程度。而在政治經濟層面上，韓國期待能透過中韓FTA的簽署，以及與中國夥伴關係之強化，誘導北韓改革開放及確保朝鮮半島之和平，並且有利於東亞經濟統合過程中韓國的主導地位。[2]

---

[1]　中國商務部，2014年韓國貨物貿易及中韓雙邊貿易概況（北京：中國商務部，2014年），http://countryreport.mofcom.gov.cn/record/view110209.asp?news_id=42573。

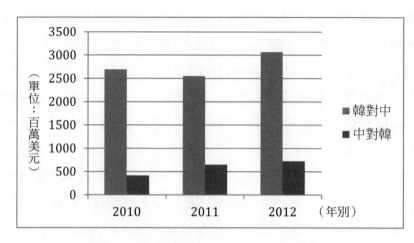

圖1　中韓相互直接投資（FDI）金額歸納

資料來源：韓國知識經濟部。

二、中韓FTA之背景與發展歷程

　　韓國政府在2003年8月訂定「FTA路徑圖」（FTA Roadmap）中，即列出以「中、長期與先進國家及大型經濟體等簽署FTA，其中包括美國、EU、ASEAN、中國及日本」為其FTA目標。12年後觀察其成效，除了日本外，韓國已在過去五年中陸續完成與東協（2007生效）、歐盟（2011）、美國（2012）及中國的FTA談判，本項推動策略目標均已達成，且成為同時與歐、美、中世界三大經濟體同時完成FTA的國家。對於中韓FTA之洽簽，韓國更期待能藉此增強韓、中兩國之關係及穩定朝鮮半島之安全，並透過中韓之夥伴關係，誘導北韓改革開放，以利奠定朝鮮半島之和平與南北韓統一基礎等外部政經效益。[3]

---

[2]　姚鴻成，「韓國推動韓、中FTA之進程與前景」，中經院WTO及RTA電子報，第378期專題分析（2013年9月）。

在此一背景下，中韓兩國於2004年同意啟動FTA之共同研究，並陸續進行多次產官學研討會。按韓國智庫之研究顯示，中韓FTA生效後，韓國實質GDP可望增加0.95~1.25%，10年後可望增加2.28~3.04%，在社會福祉方面可望增加176億5仟萬美元至233億3仟萬美元之效益，10年後則可望增加275億9仟萬至365億84萬美元之效益。[4] 實際談判之開啟，乃以2010年5月中韓宣布結束產官學可行性研究開始，雙方並在同年7月表示，未來中韓FTA將採取兩階段協商模式。第一階段先討論敏感部門、保護方式等FTA模式議題；第二階段則根據第一階段確立之模式，確認產品項目分類，針對服務、貨品、投資等領域進行協商。隨後中國與韓國於2012年5月舉行中韓FTA首回合談判，經過14回合談判後於2014年11月APEC領袖會議期間宣布完成實質談判，並於2015年2月進行草簽，待雙方各自完成韓文與中文之文本翻譯後，於2015年6月1日簽署，並預計於2016年生效。

三、中韓FTA主要挑戰：關稅及服務業開放為例

就關稅結構觀察，以中日韓在2011年所公布的三國FTA聯合可行性研究資料顯示，中國平均關稅為11.3%（其中工業產品平均關稅為11.3%，農產品關稅稅率18%），韓國平均關稅為12.4%（工業產品平均關稅7.1%，農產品52.1%）。[5] 故若僅以工業產品之關稅自由化作為觀察對象，則中國的平均關稅高於韓國。更進一步就如汽車、紡織等個別敏感產品之關稅分析，中國之關稅稅率仍顯著高於韓國。故總體而言，在中韓FTA之推動過程中，中國因平均關稅偏高，因此在FTA談判過程中其勢必面對較多之降稅壓力。特別是對於韓國之主力出口產品，中國迄今仍存

---

[3] 姚鴻成，前揭註。

[4] 同上註。

[5] 中華人民共和國商務部，中日韓自由貿易區可行性聯合研究報告（北京：中國商務部，2011年）。

在著高關稅障礙，例如中國之進口汽車關稅高達25%、液晶顯示器關稅為5%，而工具機關稅亦高達9.7%，均是韓國可能關切之對象。另一方面，韓國也期待中國能降低或消除石化、機械、資通訊、化妝品、家電和醫療設備等領域之關稅。

　　然而，韓國對農產品之關稅及其他保護措施，反而是中國之關切對象。以2013年為例，中國是韓國第二大農產品出口地，以及第二大進口來源地，而韓國亦為中國第四大農產品出口地，但僅是中國第十六大的農產品進口來源。[6] 此一貿易結構亦反映在中韓農產品貿易之順差關係中，亦即雖然中國對韓總體貿易處於逆差狀況，但在農產品出口則一直享有順差。再以2013年為例，中國享有之農產品貿易順差為27.7億美元。因此對韓國而言，農產品關稅調降將是未來之挑戰所在。

　　再者，中韓之服務業市場開放亦有相當顯著之差異。為便於進行一致性跨國開放程度，本文使用已經包含中韓二國之OECD之「服務貿易限制指標」（Services Trade Restrictiveness Index, STRI）資料庫數據，作為觀察基礎。STRI資料庫在分析各國開放程度時，不僅單純評比服務業之投資自由化，並將提供服務之申請與發照許可程序，以及專業人士進入等所謂境內監管措施納入評分項目。因此等監管措施，往往才是真正限制服務貿易發展之所在，而得分越低則意味限制越低，反之則越高。

　　STRI資料庫共包含了會計工程、電影廣播、電信、運輸、配銷、銀行保險及營造等18個服務業。對於評比範圍之服務業開放程度中，中國除了建築服務外，其餘服務業別之投資、跨境等提供模式之限制程度，均遠高於日韓，特別是在電影服務、廣播電視服務、電信服務、陸運服務、跨地服務，以及銀行保險等服務業中，中國均保留了極高的限制（圖2），

---

[6]　王元彬、鄭學黨，「中韓農產品貿易增長特質及影響因素研究」，國際貿易問題，2014年第10期（北京：國際貿易問題雜誌社，2014年10月），頁88~98。

其中快遞及廣播電視二個服務業，中國之限制程度幾乎等同於「未開放」
（1分），而韓國則相對開放。由於韓國以金融、營造以及流行音樂電視
劇等所謂「韓流」為發展重心，又中國迅速發展中金融、保險市場則是世
界各國都感高度興趣之市場。故由STRI評比結果顯示，中國幾乎在所有
屬於評比範圍之服務業別中的限制，均顯著高於韓國，意味著在服務貿易
之投資自由化程度，亦為中韓FTA談判之主要挑戰。

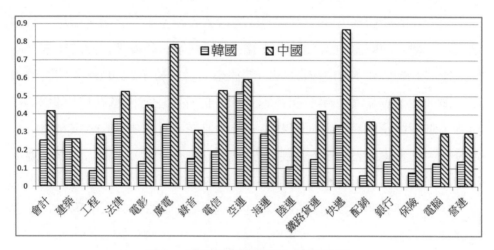

圖2　中韓服務業限制之跨國比較

說明：得分越低，限制越少。
資料來源：OECD Services Trade Restrictiveness Index, 2014.

參、中韓FTA之內容與特色

一、基本特徵

　　中韓FTA於2015年2月公布英文版文本。依據該英文草簽文本，中韓
FTA共計22章（參見表1）。由此一架構可知，中韓FTA涵蓋領域十分廣
泛，不僅涉及貨品貿易、投資及服務貿易等議題，還包括原產地規則、海

關程序與貿易便利化、貿易救濟、食品安全與動植物防疫檢疫措施、技術性貿易障礙、智慧財產權、競爭、電子商務、環境、透明度、經濟合作等，共涉及17個領域、22個章節。其中在貨品貿易之降稅部分，除有部分產品是立即降稅外，中國與韓國也因應不同敏感產業而將降稅期程拉長至5、10、15及20年，並保留部分產品之關稅或維持原稅率。待全面生效後，中方貨品自由化程度將涵蓋商品項數的91%與進口金額的85%；韓方最終零關稅的產品也將包含商品項數的92%及進口金額的91%。

　　至於在服務貿易方面，中方開放雙方於影視產業、旅遊、環境等議題之合作；韓方則同意中國大陸於快遞運輸、建築、醫療等方面之要求；兩國還承諾將對投資者和跨國公司內部往來人員，給予2年的就業和居留許可，並開放商務訪客一年多次往返簽證。此外，中韓同意在協定生效後2年內，針對服務貿易之負面清單模式進行協商，且自中韓FTA宣布完成談判後，中國大陸即表示雙方將持續加強地方經濟合作，如除了成立「溫州韓國產業園」外，也將在山東及江蘇成立韓國產業園區。另在投資議題部分，雙方已同意將在協定生效後2年內，就國民待遇和負面清單模式等進行談判。

表1　中韓FTA章節架構及比較

中韓FTA章節	是否為中國過去 FTA常見之章節*	是否為韓國過去 FTA常見之章節**
第一章 初始規定及定義	是	是
第二章 國民待遇及貨品市場進入	是	是
第三章 原產地規則	是	是
第四章 海關程序及貿易便捷化	是	是
第五章 SPS措施	是	是
第六章 TBT措施	是	是

中韓FTA章節	是否為中國過去 FTA常見之章節*	是否為韓國過去 FTA常見之章節**
第七章 貿易救濟	是	是
第八章 服務貿易	是	是
第九章 金融服務	否	是
第十章 電信服務	否	是
第十一章 自然人移動	是	是
第十二章 投資	是	是
第十三章 電子商務	否	是
第十四章 競爭	否（中瑞FTA有）	是
第十五章 智慧財產權	是	是
第十六章 貿易與環境	否（中瑞FTA有）	是
第十七章 經濟合作	是	是
第十八章 透明化	是	是
第十九章 機構安排	是	是
第二十章 爭端解決	是	是
第二十一章 例外	是	是
第二十二章 最終條款	是	是

*比較對象為中紐FTA。　**比較對象為韓美FTA

資料來源：作者整理。

　　確實，對於關稅消除及服務業市場開放等FTA最核心之內容而言，中韓FTA目前版本並無任外界驚艷之處，其自由化程度甚至低於中韓雙方其他FTA。但實際上中韓FTA有許多「後續擴大談判」條款，而此類後續談判條款並不限於關稅及服務業，即便如中韓FTA中有關電影合拍協議（合拍片視為國片），以及電視劇和動畫合拍，亦有後續進行談判等約定（參見協定第八章之附件8-B及8-C）。因此中韓FTA的第一個特徵，是對於

投資、服務貿易及經濟合作而言，其視為一種架構協定，並具備強烈的「與時俱進（living）」的性質。這個特徵意味著中韓FTA實際的自由化程度，將會在未來幾年內陸續展現。

　　中韓ＦＴＡ另一個特色，在於包含眾多與境內法規調和有關的專章。例如中韓FTA中的金融專章、電信專章、競爭、電子商務及貿易與環境專章，都是中國目前為止已經完成之FTA中首次出現或罕見之規定。此等專章之功能，主要在於促使雙方之國內監管法規，可依據FTA規定作為基礎進行調和。而由於中國過去對此等專章之經驗較少，卻均為韓國與美國、歐盟FTA之重要內容，因此可以合理推測專章之內容可能是由韓國主導，且係參照韓國之FTA經驗所制訂。其功能除消除中韓雙方因監管法規所引起之障礙外，更可藉此展現中國推動新世代自由化改革的決心，消除其他國家對其決心的懷疑。

　　再者，即便如智財權保護或經濟合作等其他中國現有FTA常見之章節，中韓FTA之規定無論在廣度或深度亦超越過去之類似協定。例如中韓FTA之中智財權保護專章，從著作權、廣電節目授權、工業設計保護，到網路侵權取締，以及智財權保護執法等議題，共有30條規定，非但是整部協定中條文最多的專章之一，其規定之詳盡程度亦非中國過去之FTA所能比擬，展現出雙方有意藉此建立更為制度化的貿易與投資關係，而韓國更期藉此強化對韓國文創產業的保護。再如中韓FTA的經濟合作專章，其所涵蓋的合作領域從農林漁業、鋼鐵、中小企業、紡織、資通訊、政府採購、能源、科技研發、海運、觀光（包含出國觀光）、文化、醫療器材與化妝品、中國渤海經濟特區與韓國仁川經濟自由化合作，以及設立「韓中工業園區」等合作條款，也是在其他FTA中所罕見之安排。前述之智財權保護及經濟合作事項，雖在性質上為雙方一體適用，但由其內容可知韓國應是主要受益之一方。特別是在第十七章經濟合作中之科技研發、海運、觀光（包含出國觀光）、文化、醫療器材與化妝品等，均為韓國具有優

勢，但中國限制較高之議題。

二、關稅自由化之程度

有關中韓FTA在關稅自由化部分，兩國將在20年內對90%以上的製造業商品撤銷關稅。其中中國承諾之零關稅比例，涵蓋所有產品項目的91%，或進口金額之85%，而韓國承諾水準較高，零關稅承諾分別是品項數的92%以及進口金額之91%。農產品野心較低，雙方僅針對占進口金額40%的農產品取消關稅，特別是韓國約36%的農產品為敏感產品（中國亦有9%），且排除稻米、牛肉、豬肉、雞肉、洋芋、蘋果、梨、葡萄、辣椒、大蒜及洋蔥等農產品之降稅。中國方面則排除稻米、糖、小麥、煙草、乳製品及奶油等之降稅，顯示前述韓國對開放農產品之擔憂及保守立場。[7] 不過，前述之零關稅比例乃為最終達到零關稅之終局結果，但事實上中韓FTA中對於降稅時程之安排非常複雜，包含生效日起分20年等比例降為零關稅，自生效日起分5年平均減少30%關稅等。

但基本而言，中韓FTA生效時中方8,194項農工產品中僅有11.69%（958項）之產品關稅立即調降為零（加上原有之8.43%零關稅品項，合計約20.14%），而未來5至20年內降稅有70.53%（5,779項）；排除降稅之產品則有7.77%（637項）。相較於此，韓國有33.73%（4,126項）之品項立即調降為零；分5年~20年降稅有42.22%（5,164項）之品項關稅調降為零，排除降稅6.83%。簡單歸納，中韓FTA生效時立即降為零的僅有20.14%，五年後亦僅占40.68%（參見圖3），自由化程度非常有限。

又依據經濟部之分析，對於臺灣所關切之出口中國4大產業均屬於期程長之類型，例如汽車零件為前5年每年降0.2%，降至9%即停止降稅，

---

[7] 韓國經濟研究院（KREI），「韓中FTA對農業部門之衝擊及意涵」，한·중 FTA 농업 분야 평가와 시사점（2015年5月），http://www.fta.go.kr/cn/data/1/。

而面板則由生效後第9年方開始降稅，亦即假設中韓FTA於2015年生效，面板之關稅要至2024年方由目前之5%降至2.5%，2025年完全取消。又如石化產品之降稅幅度亦低，如PVC前5年每年降0.46%，降至4.19%即停止降稅。ABS現有關稅為6.5%，分20年降為零；PE前5年每年降0.1%，降至5.98%即停止降稅。[8]

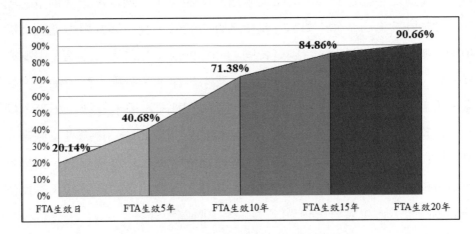

圖3　中國降稅承諾階段及項目數比重

資料來源：經濟部工業局。

　　中韓FTA之降稅承諾結構，基本迴避本文前節中所分析雙方的壓力點（亦即中國的工業產品，以及韓國之農產品），可能是能在二年內完成談判的原因之一。然而誠如前述，中韓FTA之關稅自由化看似野心不高，但實際上在協定中藏有伏筆。例如依據中韓FTA第2.4條規定，在中韓任一方的請求下，雙方應協商考慮加速降低前述各類產品關稅減讓之可能性。而雙方就加速取消貨貿關稅達成協議後，在締約雙方根據各自國內適用法

8　參見經濟部工業局2015年2月26日新聞稿，「針對媒體報導『陸韓FTA草簽對臺影響不如預期』之說明」，http://www.moeaidb.gov.tw/external/ctlr?PRO= news.NewsView &id=17199。

律程序批准後，應取代現有之關稅減讓承諾。其次，同條亦規定中韓任一方可以隨時單方面的降低或消除關稅，並應於新的關稅稅率修正且完成國內程序生效後，應即時的通知他方。前述之「協商加速」及「單方加速」條款，雖然為許多FTA所常見，但實際上並非必備條款（例如臺紐經濟合作協定便無類似條款），提供中韓雙方透過後續協商擴大，或加速降稅之法律基礎。

三、服務業自由化之程度

由於兩岸服貿協議已完成協商並公開內容，故可成為瞭解中韓FTA服務貿易開放程度的指標。以下將透過中韓FTA中國之承諾與兩岸服務協議承諾之差異作為比較基礎，以了解中韓FTA之服務貿易自由化程度（礙於篇幅限制，本文排除金融服務之比較）。

- 中韓FTA承諾優於兩岸服貿協議者：亦即中國在中韓FTA提出優於其在WTO（亦即所謂WTO-Plus承諾）以及兩岸服貿協議之承諾者。

- 兩岸服貿協議優於中韓FTA承諾：亦即中國在兩岸服貿協議中之承諾，高於其在中韓FTA中之承諾者。

（一）中韓FTA承諾優於兩岸服貿協議

在中韓FTA中，中國共有四項次行業別之承諾優於兩岸服貿協議（同時亦為「超WTO」承諾），分別為法律服務（CPC 861）、房地產服務（CPC 821）、建築以外專案管理服務（CPC 86601），以及人力仲介與供給服務（CPC 872，但排除87209）。

首先，在法律服務方面，中國准許韓國事務所在中國設辦事處者，可在上海示範區與陸方事務所共同運作，且客戶不限於上海，惟外國事務所仍不可處理中國法律事務。此外，雙方可互派律師作為對方法律顧問。至

於兩岸服貿方面，雖然我方於兩岸服貿中並未開放此項業別，但在上海示範區之開放內容上，中國實際上已開放所有外資，因此，臺灣事務所已可在上海示範區享有相同之待遇。

對於房地產服務，中韓FTA允許韓方可以獨資。兩岸服貿協議並未開放此項業別。與中國GATS承諾相比，中韓FTA主要解除了陸方在WTO的承諾限制，亦即對於高標準房地產項目，如公寓或寫字樓，不允許設立外商獨資企業之限制。再如建築以外專案管理服務部分，中韓FTA允許韓資有多數股權的合資企業。不過仍有經濟需求測試（Economic Needs Tests, 以下簡稱ENT）。此外，中國於GATS承諾，以及我方在兩岸服貿中均未承諾開放本項次行業別。至於人力的仲介與供給服務方面，中韓FTA允許韓方可設立外資有多股權的合資企業，但仍有ENT測試。針對此項次行業別，中國於GATS承諾，以及我方在兩岸服貿中均未承諾開放。

（二）兩岸服貿協議優於中韓FTA承諾

在兩岸服貿協議下，中國提出優於中韓FTA（亦同時均為「超WTO」承諾）者，共有29項次行業別。以下擇要分析。

1. 會計服務業

中韓FTA僅允許中國會計師可以合夥或事務所設立提供服務。韓國會計師通過中國會計師考試，可取得國民待遇。兩岸服貿協議方面，臺灣會計師取得大陸會計從業資格者，可從事代理記帳業務。此外，臺灣會計師臨時開展審計業務許可證為2年。整體而言，中韓FTA與兩岸服貿協議之主要差異，在於我國會計師享有2年臨時審計許可權之優惠。

2. 建築設計、工程服務與集中工程服務

建築設計服務、工程服務與集中工程服務部分，中韓FTA可合資或獨資；工程服務企業的實績要求，在大陸及大陸以外的企業業績可共同做為評定標準。而兩岸服貿之承諾則為設立建設工程設計企業，對於在臺灣與

大陸的皆可共同評定。此外，企業聘用臺灣註冊建築師、註冊工程師，資質審查時不考核專業技術職稱條件，只考核學歷、從業年限、在臺灣的註冊資格等。另出任主要技術人員為臺灣自然人時，居住大陸時間不須遵守不少於6個月的規定。

中韓FTA與兩岸服貿協議主要在資質認定規定上有較大的不同。中韓FTA僅給予「企業」有承認中外業績的規定；兩岸服貿除「企業」之外，對於「自然人」的實績表現亦可合併考量，為主要優惠所在。

3. 市場調查服務

市場調查服務方面之範圍包含市場分析、消費者態度和偏好的分析部分。中韓FTA對於市場調查服務，僅允許合資或合作，允許多數股權，且有「經濟需求測試」（ENT測試）。兩岸服貿協議則允許臺灣服務提供者在大設合資、合作企業，提供市場調研服務。最主要之不同在於兩岸服貿協議沒有ENT限制。

4. 技術測試與分析服務

中韓FTA對於技術測試與分析服務規定，韓國服務提供者須在韓國從事三年以上相關服務，方可在大陸境內設立註冊資本額不少於350,000美元之認證機構、檢查機構，或實驗室；此外，並允許韓商獨資。至於兩岸服貿協議，則允許合資或獨資認證機構、檢查機構與實驗室。此外，在參與認證檢測活動中比照大陸機構之同等待遇。又允許兩岸上述機構的檢測數據展開接受合作之安排。中韓FTA與兩岸服貿協議最主要之差異，在於我方業者無須在臺灣已有從事3年業務經驗，方可赴大陸提供相關服務之要求。

5. 會議服務與展覽服務

會議服務和展覽服務方面，中韓FTA僅允許合資或合作，但可擁有多數股權。此外尚有ENT限制。兩岸服貿協議下則開放臺灣服務提供者在大陸以合資、合作或獨資形式設會議展覽公司，依規定提供會議服務和展覽

服務。

6. 建築服務

中國於中韓FTA中就建築服務允許韓國企業只能承攬以下四種類型建築項目：（1）全部由外國投資或贈款資助者；（2）由國際金融機構資助；（3）外資等於或超過50%的中外聯合建築項目；（4）中國建築企業難以獨立實施者。

至於在兩岸服貿協議下，中國則承諾臺灣可聘用臺灣專業技術人員為企業經理，但須具相應的工程管理工作經歷。此外，臺灣在陸企業取得建築業企業資格，可依規定在中國參加工程投標。

整體而言，兩個協議共有三點差別：（1）中韓FTA的開放內容僅為陸方WTO承諾；（2）臺灣取得在相關專業人士的資質認定優惠；（3）臺灣符合資質認定規定後，也可參與陸方的工程投標。

7. 零售服務（不包括菸草）

零售服務方面，陸方對於對於同一韓國業者在大陸累計開設店鋪超過30家的，如經營商品包括農藥、農膜、化肥、糧食、植物油、食糖、棉花等商品，且來自不同品牌與供應商，則韓國不得擁有多數股權。兩岸服貿協議方面，對於同一臺灣業者在大陸累計開設店鋪超過30家，如經營商品包括農藥、農膜、化肥、糧食、植物油、食糖、棉花等商品，且來自不同品牌與供應商，則臺灣出資比例不得超過65%。相較而言，中韓FTA的開放內容僅為陸方WTO承諾，而臺灣優惠在於可享有多數股權。

8. 娛樂、文化與體育服務

文娛服務部分，韓國企業可以合資或合作提供表演仲介或經營單位，惟韓國股權不得超過49%。至於陸方給予我方之承諾，則允許臺灣可控股或占主導地位的合資、合作音樂廳、劇場等演出場所經營單位。又本項行業別為陸方在WTO完全未承諾者，故在中韓為額外優惠。至於在兩個協議下，臺灣之優惠主要為可取得主導或占多數股權。

9. 醫院服務

陸方於中韓FTA中並未開放醫院服務。但在兩岸服貿協議方面，陸方允許我方可合資、合作或獨資設置醫療機構。此外，臺灣設立的獨資醫院及療養院，限於26個省會城市與直轄市。又臺灣設立合資、合作醫療機構等，可比照國民待遇。醫院服務為陸方在WTO中所未承諾者。此外，在其他WTO會員（港澳以外）不得設立醫療機構下，臺灣符合條件下可在大陸設立醫療機構。

10. 海運之貨物裝卸服務

針對本項次行業別，陸方允許韓國企業限於合資、可擁有多數股權。兩岸服貿協議方面，臺灣業者在福建省設立獨資企業，經營港口裝卸、堆場業務。此外，臺灣業者投資建設港埠設施並經營港口裝卸、堆場和倉儲業務，其資本額和設立分公司的條件可比照大陸企業實行。海運之貨物裝業運輸服務，韓國於中韓FTA中所取得之開放內容僅為陸方之WTO承諾內容，而我國則取得在福建的試點優惠開放。

11. 公路運輸之公路卡車和汽車運輸服務

公路卡車和汽車運輸方面，陸方允許韓國企業可設立獨資企業。兩岸服貿協議方面，臺灣服務提供者可在大陸設立合資、合作或獨資企業，提供公路卡車和汽車貨運服務。對於在福建省、廣東省投資的企業貨運方面的道路運輸業務事項和變更的申請，則委託福建省、廣東省省級交通運輸主管部門進行審核或審批。針對本項業別，韓方所取得之開放內容事實上僅為陸方在WTO之承諾內容。比較兩個協議之承諾內容，我國之優勢主要為臺灣可取得福建省、廣東省的審批程序優惠。

12. 所有運輸輔助服務之貨物運輸代理服務

所有運輸輔助服務之貨物運輸代理服務方面，陸方允許韓國企業先具備連續3年的經營經驗，才可至大陸設立獨資等企業。兩岸服貿協議部分，陸方則允許臺灣業者可設立合資、合作與獨資企業。比較兩個協議承

諾內容，中韓FTA的開放內容僅為陸方WTO承諾，而我國之優勢則是取得臺灣業者無須有連續3年的經驗要求。

13. 商標代理及殯葬設施

陸方於中韓FTA中並未承諾商標代理。兩岸服貿協議方面，陸方允許臺灣服務提供者，在工商行政管理機關登記並取得法定經營主體資格後，可在大陸從事商標代理業務。另本項服務業為陸方在WTO中完全未承諾者。又陸方於中韓FTA中亦未承諾殯葬設施服務。兩岸服貿協議方面，陸方則是允許臺灣殯葬業者在大陸以獨資或合資等方式投資，並經營除具有火化功能的殯儀館以外的殯儀悼念和骨灰安葬設施。本項服務業亦為陸方在WTO中完全未承諾者。

14. 其他承諾

最後，陸方僅在兩岸服貿協議中承諾以下事項：（1）簡化臺灣圖書進口大陸審批程序，並設立快速通道；（2）允許大陸電影片在臺灣進行後製及沖印；（3）允許臺灣電影片及合拍片在大陸上映可用方言播出；（4）臺灣研發的線上遊戲內容審查之工作時限（包括專家審查）為兩個月。以上事項在中韓FTA中並未有類似之承諾。

（三）小結

整體而言，歸納中韓FTA與兩岸服貿協議之承諾差異，對於非金融業之行業，兩岸服貿協議下中國做出之WTO-plus開放承諾，明顯高於中韓FTA。以數目計算，韓方優於我國者計有4項（均為我方於服貿中未承諾者），而我方優於韓國者，共計29項。至於其餘項目雙方受惠程度等同，其開放內容多屬於等同WTO承諾。

然而值得注意的是，即便本次中韓FTA看似開放程度不高，但對於服務貿易以及投資而言，中韓FTA在附件22-A中納入了極為詳盡的「後續談判指導原則」（Guidelines for Subsequent Negotiation），具體規定在本協

定生效二年內，雙方應進一步針對金融、其他服務業及製造業之投資自由化開啟後續談判，並應以負面表列方式消除各類限制，且應包含「未來最惠國待遇」條款（亦即雙方未來在其他經貿協定中，比中韓FTA更為優惠之開放承諾，均自動適用於中韓雙方）。簡言之，中韓FTA有關服務貿易及投資之開放承諾，絕不能以本次公布的版本為準，真正的開放可能會在未來二年內才發生，而這可能正是2014年大陸海協會長陳德銘所謂「服貿協議還可以等臺灣二年」的原因。[9]

四、非關稅措施之規範

我國業者對於出口中國市場之主要貿易障礙，近年來多集中於標準與檢驗、通關程序等所謂非關稅貿易措施上，[10] 而中韓FTA亦針對此一問題有具體之規範。例如在中韓FTA第TBT專章（第六章）中，便為了減低雙方重複測試與驗證不確定的要求，要求中韓雙方應鼓勵其國家驗證機構成為IECEE-CB Scheme（一種跨國性相互承諾檢驗結果之機制）之會員，接受其他IECEE-CB機構測試報告作為電器安全設備國家驗證之基礎。又如在第二章中亦規定雙方應鼓勵其主管機關針對食品與化妝品之他方指定實驗室測試報告之相互承認進行討論，二者均有助於達成避免重複測試，以及消除驗證之不確定的效果。再者，在中韓FTA第六章中，亦對產品之標章與標示有詳盡之規定，要求雙方應致力於減少與消費者或使用者無關之產品標章與標示要求，以避免增加無謂之貿易成本。

此外，中韓FTA亦於第二章（貨品市場進入）及第十八章（透明化）中，要求非關稅措施實施前應確保一定之寬限期，且制定或修正技術規定

---

[9]　聯合報兩岸要聞版，「服貿卡關 陳德銘：會等臺灣2年」，2014年12月11日，http://g.udn.com/NEWS/MAINLAND/MAI1/9123081.shtml。

[10]　可參見全國工業總會，「2013年出口障礙報告」，http://www.cnfi.org.tw/kmportal/front/ bin/ptdetail.phtml?Part=magazine10302-527-2。

時應在60日前提出意見，以強化中國法規透明度，讓韓國廠商有更多時間因應法規之變動。而在通關便捷化方面，中韓FTA相關便利化措施，包括促進不同口岸在執法上之一致性、電子文件之使用及實施事後申請優惠關稅等內容，並規範對700美元以下之貨品免附原產地證明，以及對快遞貨物適用簡化通關程序等。

肆、臺灣的因應之道

一、中韓FTA之經濟影響

　　依據經濟部委託中華經濟研究院之經濟影響推估結果，在GDP方面，若兩岸ECFA協定始終未生效，則在中韓FTA生效，兩國完成一年的降稅承諾時，將使我國實質GDP下降約0.04%。而至生效10年時，韓國對中國大陸將完成約8成稅項的降稅，中國大陸則約完成7成稅項的降稅，屆時將使我國實質GDP較生效1年時下降約0.13%。而中韓彼此完成降稅（生效20年）的影響則與生效10年的影響效果相似，將使我國實質GDP相較於第一年下降約0.15%。（見表2）

表2　中韓FTA對我國GDP之影響

	中韓完成第1年降稅		中韓完成第10年降稅（相較於第一年）		中韓完成第20年降稅（相較於第一年）	
	變化率	變化值	變化率	變化值	變化率	變化值
GDP變化	-0.04	-1.74	-0.13	-5.31	-0.15	-5.91

資料來源：經濟部（2015），http://iknow.stpi.narl.org.tw/Post/Files/.pdf。

二、臺灣之因應

　　由以上之分析可知，無論有意或無意，中韓FTA之設計及安排確實給

予臺灣若干時間上的空間，可利用兩岸服貿協議及貨貿協議追上甚至超越韓國。但這個時間上的空間有期限；若以服務貿易及投資自由化為例大約是二年。二年內臺灣回應中韓FTA最直接、有效的方式，當然是加速通過兩岸監督條例、完成服貿協議的審議以及貨貿協議之談判。但以目前的政治氛圍以及社會對政府的信任感不足的局面，加上國內即將面臨2016總統及立委大選等政治因素，短時間內相關協議要有進展，有許多難關要過，恐怕緩不濟急。以兩岸協議監督條例為例，2014年4月3日行政院會通過「臺灣地區與大陸地區訂定協議處理及監督條例」草案（行政院版草案）。與此同時，反黑箱服貿民主陣線、臺灣守護民主平台與臺灣人權促進會等民間社團，也提出所謂民間版之「兩岸協定締結條例草案」。二個監督條例版本之內容落差極大，未來如何相互融合完成立法，仍有許多不確定性。

　　至於對貨貿協議之談判，借鏡中韓FTA之經驗，以及考量我國產業競爭力與韓國之相似之處，中國在消除關稅上可能採取保守立場，未來兩岸關稅談判將預期有相當之阻力。此外，我國亦需思考除關稅消除及自由化議題外，將強化對非關稅貿易措施之規範，作為談判重點。

　　更有效可行的方式，則是歸納彙整已經完成的兩岸協議中，有哪些工具能提供類似於中韓FTA的效果。事實上，過去七年中兩岸之間並非一片空白，而是已經完成簽署超過20個經貿協議，包含海關合作、智財權合作協議、農產品檢驗檢疫、食品安全、商品檢驗與消費品安全等，亦已完成兩岸投資促進與保護協議，其內容均與前述中韓FTA對於非關稅貿易措施之規定類似（參見表3）。簡言之，兩岸目前除服務貿易市場開放及關稅減讓尚未完成談判外，對於其餘貿易規則均已有部分的兩岸協議可加以利用。因此即便沒有兩岸服貿及貨貿協議，由協助廠商降低障礙的角度觀察，仍可利用已簽署好的工具，並提出更多政治爭議較低的因應方案。協助廠商減低壓力，而非一定要等服貿、貨貿協議完成及生效。

表3　兩岸現有協議所涵蓋之中韓FTA議題

兩岸協議	得以涵蓋中韓FTA之類似議題
海關合作協議	海關程序及貿易便捷化
智財權合作協議	智財權保護
農產品檢驗檢疫協議	農產品之SPS措施
食品安全協議	食品之TBT及SPS措施
商品檢驗與消費品安全協議	商品之TBT措施
醫藥衛生合作協議	醫藥品及醫療器材之TBT措施
金融合作協議	金融監理透明化
投資保障與促進協議	投資保護

資料來源：作者彙整。

伍、結論

　　觀諸2015年12月20日生效的中韓FTA，韓國取得的關稅優惠確實相當有限。但由前述之分析可知，對於中韓FTA的影響評估，絕不能只看現有的版本；未來二年中韓持續擴大開放範圍與深度的後續談判，可能才是真正觀察的重點。而從中韓FTA的內容可知，韓國掌握了與中國互動的最佳模式：亦即以經濟合作及分階段到位方式，取代硬梆梆的一次性開放承諾，這可能也解釋了為何韓國願意在關稅削減上讓步。雖然從西方的角度來看，經濟合作看似欠缺拘束力而顯得有些虛幻，卻可能才是真正能打入中國市場的牛肉。而從中韓FTA之方向，我們也可以概略看出中國求什麼。中國已是全球經濟大國，卻不是強國，而且很多生產製造仍是為人作嫁的檔次。近五年來中國的經濟發展政策脈絡越來越清楚，就是要擺脫「大而不強」的階段，走向「既大又強」的境界，而且要全面的建立供應鏈體系。透過與韓國的各項合作，正是加速升級的最佳手段。這些發展，都是臺灣必須重視之趨勢及課題。

參考書目

中國商務部，**2014年韓國貨物貿易及中韓雙邊貿易概況**（北京：中國商務部，2014年），http://
　　countryreport.mofcom.gov.cn/record/view110209. asp?news_id=42573。

中華人民共和國商務部，**中日韓自由貿易區可行性聯合研究報告**（北京：中國商務部，2011
　　年）。

王元彬、鄭學黨，「中韓農產品貿易增長特質及影響因素研究」，**國際貿易問題**，2014年第10
　　期（北京：國際貿易問題雜誌社，2014年10月），頁88~98。

全國工業總會，「2013年出口障礙報告」，http://www.cnfi.org.tw/kmportal/ front/bin/ptdetail.
　　phtml?Part=magazine10302-527-2。

姚鴻成，「韓國推動韓、中FTA之進程與前景」，**中經院WTO及RTA電子報**，第378期專題分析
　　（2013年9月）。

經濟部（2015），http://iknow.stpi.narl.org.tw/Post/Files/.pdf。

經濟部工業局2015年2月26日新聞稿，「針對媒體報導『陸韓FTA草簽對臺影響不如預期』之
　　說明」，http://www.moeaidb.gov.tw/external/ctlr? PRO=news.NewsView &id=17199。

聯合報兩岸要聞版，「服貿卡關 陳德銘：會等臺灣2年」，2014年12月11日，http://g.udn.com/
　　NEWS/MAINLAND/MAI1/9123081.shtml。

韓國經濟研究院（KREI），「韓中FTA對農業部門之衝擊及意涵」，한·중 FTA 농업 분야 평
　　가와 시사점（2015年5月），http://www.fta.go.kr/cn/ data/1/。

中韓FTA與兩岸ECFA運作
──政府再造與決策運作挑戰

陳德昇

（政治大學國際關係研究中心研究員）

摘要

　　各國簽署FTA和參與區域經濟整合，不僅是世界潮流，更是國家生存與提升競爭力的必要選擇。韓國在過去十餘年參與FTA表現耀眼，反之我政府則受中共外部制約，與內政治理不彰局限，落入「雙重陷阱」，成效有限。

　　就比較觀點顯示，韓國政府組織再造與決策運作模式，既有策略性政府再造與協力網絡奧援，也有強力的決策意志貫徹，因而在簽訂FTA目標實現績效顯著。反觀我政府在組織再造未能體現市場導向之組織協力網絡，加之執政當局政策溝通不良、改革意志與決策能力不足，以及專業人才的培養和吸納，皆有較大改善空間。

　　本文從組織再造與決策運作觀點，探討兩國FTA策略與作為、績效差異之成因，並解析中韓FTA與兩岸ECFA互動關係和因應思考。

關鍵詞：FTA、政府再造、中韓FTA、雙重陷阱、ECFA

「FTA不是政治問題，是生存問題。」[1]

——李明博

「政府的保守態度，也不利於與他國談FTA，多位外國政要對蘇起說，臺灣想簽自由由貿易協定（Free Trade Agreement），但你們只要A，不要F,T。」[2]

——蘇起

「臺灣洽簽FTA進度嚴重落後，已使臺灣孤立於WTO（世界貿易組織）體系之外，這是很危險的事。」[3]

——陳冲

---

[1] 賴昭穎，「韓貿易部長」，聯合報，2012年5月18日，版2。

[2] 何明國，「蘇起：國內自由有餘 制度化不足」，旺報，2012年5月24日，版A17。

[3] 陳秀蘭，「洽簽FTA落後 陳揆：很危險」，旺報，2012年5月10日。

壹、前言

　　中華民國與韓國發展經驗有不少共同點，尤其是在歷史與文化特色、經濟產業結構，以及同屬分裂國家與實踐民主政治，皆具有代表性與特殊性。不過，由於民族性不同、體制有別、因應經濟危機思路，以及國家認同之差異性，終使韓國在1997年金融危機後，經濟再度崛起，現已成為已開發國家的佼佼者。尤其是在政府領導下積極簽署「自由貿易協定」（FTA）成效斐然，成為亞洲第一個同時與美國、歐盟大國簽署之國家。近期實現中韓簽訂FTA目標，強化國際經貿影響力，並與我全球和大陸市場形成更激烈的競爭，皆值得吾人賦予更大之關注。

　　本文由政府再造與決策運作機制，透過比較觀點探討臺、韓加入FTA策略、成效與挑戰，並梳理與解讀兩國參與FTA的績效差異之成因。最後分析中韓FTA與兩岸ECFA運作，並提出本文之評估與觀察。

貳、區域經濟整合與政府再造

　　區域主義（regionalism）的興起是1990年代的一個重要趨勢，而訂立自由貿易協定則是表現區域主義最重要的形式之一。區域貿易協定係指：透過區域間簽訂優惠性的貿易協定，使得區域內進行貿易較區域外自由化程度高。它可說是GATT/WTO規範下最常見的經濟整合模式，指的是兩國或多國之間，彼此給對方的進口產品或服務貿易較低（相較於非簽約國）的關稅或較優惠的條件。

　　世界貿易組織（WTO）多邊自由化談判的進程近年受阻。尤其是2001年WTO啟動的杜哈回合（Dora Round）談判，迄今仍無重大突破。在WTO多邊協議進展停滯不前的情況下，各國積極進行區域經濟整合，使區域貿易協定的數目呈現大幅成長，區域主義更成為一股潮流，對全球

貿易、投資及產業分工產生重大影響。根據WTO區域貿易協定資料庫顯示，在1995年以前，全球自由貿易協定數目僅34個，但在1995年至2014年間，卻大幅增加至258個。其中值得注意的是，在2000年以前，全球跨區域的FTA僅有12個；在2000年至2004年間新增加18個；在2005年至2014年間，則又增加66個。由此顯示，跨區域結盟的區域經濟整合數量自2000年後逐年遞增，跨區域經濟整合已成為全球整合的趨勢。[4]

　　基於區域經濟整合之趨勢與潮流，政府施政與組織作為，亦宜相應做出調適與安排，才能應對現代化與國家競爭力之挑戰。事實上，現代化民主國家政府各項措施與作為，皆須通過民意嚴苛的考驗；而政府施政的績效，也是衡量一個國家競爭力的重要指標。基本上，政府的任務包括：（一）資本化公共建設；（二）創造就業機會；（三）經營稅收；（四）強化人力資本；（五）確保國防安全；（六）改善國民健康；（七）其他國家利益相關事務等。隨著民主潮流的衝擊與知識經濟時代的來臨，政府組織的特性亦須因應調整，由早期官僚體制轉為朝企業化、服務型、知識型方向努力。[5]事實上，造成組織變革有內外在因素。外在因素包括，國際市場競爭、產業轉型與科技進步都必須調整組織結構；內在原因則包括改善組織結構權責不清，以及解決溝通不良、決策緩慢與領導無效等問題。[6]

　　基本而言，政府「組織再造」被認為是為維持組織的彈性和競爭力所做組織改變之作為。管理學大師彼得杜拉克（Peter F. Drucker）即曾指

---

[4] 劉大年、許茵爾，「亞太區域整合最新情勢」，經濟前瞻，第158期（2015年3月12日），頁11。

[5] 陳怡之、謝碧鳳，「推動政府組織再造：服務與創新的策略思維」，科技發展政策報導，2004年5月，頁885。

[6] 徐仁輝、楊永年、張昕合著，公共組織行為（臺北：智勝文化事業有限公司，2005年1月），頁281~283。

出：「任何組織，無論是公司、非營利組織或是政府，在四、五十年後，當面臨外在局勢的變遷時，都要對其進行重新思考，如果它繼續以舊方式前進，就會變得無法管理和控制。」[7] 因此，為因應全球競爭力的挑戰及時代趨勢，並考量當前民眾所關切各項新課題，各項組織型態及運作模式必須與時俱進，才能滿足民眾殷切的新興需求及提升國家競爭力。[8]

　　儘管如此，政府再造過程亦難完全順利，尤其是再造對原有組織結構、人力配置與運作流程會產生巨大改變，勢必遭遇許多阻力與困難。例如，行政文化與分權化的問題，以及來自服務整合、部門互動與績效評估的挑戰。[9] 此外，在政府組織運作中，如何建立跨部會之協作與領導體制，亦是政府運作之重要課題。其中確立「主導機關」（lead agency）具重要性，亦即政府機構間，協調跨部門持續運作的機制和監理。「主導機關」負責組織跨部門工作小組，建立政策協調的相關作業；確定事務議程，以確保各機構之間的凝聚力，並負責決策。[10]

---

[7] 葉俊榮，「行政組織再造的目的與影響」，新世紀智庫論壇，第27期（2004年9月），頁111。

[8] 同前註，頁114。

[9] 孫本初、趙美珍、劉奕宏，「政府組織再造所面臨的挑戰與因應之道」，T&D飛訊，第131期（民國100年11月16日），頁13~14。

[10] Designated among US Government agencies to coordinate the interagency oversight of the day-to-day conduct of an ongoing operation. The lead agency is to chair the interagency working group established to coordinate policy related to a particular operation. The lead agency determines the agenda, ensures cohesion among the agencies, and is responsible for implementing decisions, http://www.dsd.wa.gov.au/7633.aspx.

參、政府再造運作與變遷比較

　　檢視中韓兩國加入FTA比較，顯示韓國無論是在組織再造與決策運作上，皆展現其國家發展前瞻意識與企圖心。韓國早於1998年即在政府部會組織中改革外務部、通商部合併為外交通商部。該部內設通商交涉本部（屬於部級組織），依其組織法規定，企劃財政部、農林水產食品部、知識經濟部、情報通信部和海洋水產部，得將相當意見和政策交予該部統整。透過部會整合有利於統一事權與經貿決策運作（參見表1）。此外，韓國總統2003年確立FTA戰略藍圖後，並於2004年將FTA業務移交外交通商部。韓國隨後即在此機制運作下，實現與多國FTA簽署之戰略性成果。其中尤以美國與歐盟FTA生效最具代表性。

表1　中韓簽訂FTA進程比較表（1998至2015年）

年別	中華民國	韓國
1998		• 第一次政府機構改革調整。其中，外務、通商部合併為外交通商部。外交通商部由原本專管外交事務的外務部擴大業務範圍組成，該部新設置「通商交涉本部」，聘請50多位非外交官體系出身的民間商務專家任職，以合同制方式，聘期3~5年。目標在發揮業務專長，不按局、課（處）的級別擔任職務，在「通商交涉本部」之工作小組擔任職務。
1999		• 第二次政府機構改革調整 • 展開與智利FTA協商
2001		• 第三次政府機構改革調整
2002	• 臺星洽簽FTA，但因名稱問題未談成。	

年別	中華民國	韓國
2003	• 10月巴拿馬成為首個與我簽訂FTA國家。	• 盧武鉉總統訂定「FTA戰略藍圖」，依經濟利益、政治外交考量等原則，擬定短中長期目標。
2004	• 1月臺巴自由貿易協定生效。後續尚有臺瓜、臺薩、臺尼、臺宏自由貿易協定簽署。對象皆為拉丁美洲邦交國。	• 4月智利FTA生效。 • 將FTA事務移到外交通商部統籌FTA談判業務。
2006	—	• 3月與新加坡FTA生效。 • 9月與歐洲自由貿易協會（EFTA）生效。
2007	—	• 韓美簽訂FTA。 • 6月與東協等貨品貿易協議。 • 參考美國「貿易調整協助計畫」（TAA），因應FTA輔導與救濟工具。
2008	與巴拿馬尼加拉瓜、薩爾瓦多、宏都拉斯等5國，於2004~2008年簽署4個FTA。	• 李明博總統上任後發表「新亞洲構想」，加強與亞洲國家簽訂FTA。
2009	—	• 韓國與歐盟簽訂FTA。 • 5月與東協簽服務業協議。
2010	• 6月29日簽署兩岸ECFA。 • 12月啟動與新加坡洽簽FTA談判。	• 1月與印度簽FTA生效。 • 7月簽署「韓歐自由貿易協議」。
2011	—	• 韓國已有7個FTA生效，包括美國、歐盟、印度、秘魯等。
2012	• 國貿局稱：洽簽自由貿易協定與經濟合作協定，政策路徑圖近期完成。	• 3月美國與韓國簽署FTA生效。

年別	中華民國	韓國
2013	• 3月已恢復臺美TIFA協商。 • 6月21日簽署兩岸服務貿易協議（立院尚未通過）。 • 7月10日簽署「臺紐經濟合作協定」（ANZTEC）。 • 11月7日簽署「臺星經濟夥伴協定」（ASTEP）。	• 3月22日更改名稱為外交部，原通商職能（對外貿易）移交給新設立的商業通商資源部。
2014	• 以8年為期加入TPP目標。 • 推動臺歐盟ECA，已於16個歐盟會員國辦17場ECA成果說明。	• 4月8日韓澳簽署FTA。 • 11月10日APEC會議中韓簽署FTA。
2015	• 兩岸貨品貿易談判協商中。	• 2月25日中韓正式簽訂FTA，完成「初始化」進程。

資料來源：1.彭漣漪，「韓國憑什麼贏」，遠見雜誌，第311期（2012年5月），頁184~193。

2.外交通商部，http://www.libnet.sh.cn:82/gate/big5/www.istis.sh.cn/list/list. aspx?id=1133。

3.「大韓民國外交部」，維基百科，http://zh.wikipedia.org/wiki/%E5%A4%A7%E9 %9F%93%E6%B0%91%E5%9C%8B%E5%A4%96%E4%BA%A4%E9%83%A8。

4.「經濟合作協定」，臺灣ECA FTA總入口網，http://fta.trade.gov.tw/ Ftaopenpagenews.asp?k=0&t=RESULT&n=83。

為有效執行FTA業務，韓國政府在外交通商部設立通商談判本部長（Minister of Trade），負責對外通商談判事務。通商談判本部設有FTA談判代表（中央部會常次長級）、FTA政策局及FTA談判局；FTA政策局下設有審議官、FTA履行科、FTA協商綜合科、FTA政策企劃科及通商業務科；FTA交涉局則設有FTA貿易規範科、FTA服務投資科及FTA商品科（參見圖1）。

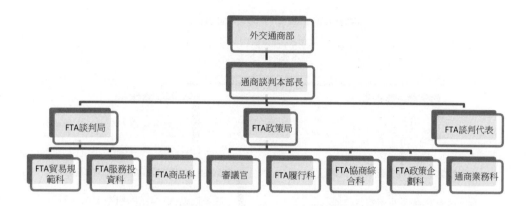

圖1　韓國外交通商部與FTA部門組織圖

此外，為了推動FTA業務，韓國設有5個單位，從上到下整合與協調FTA政策對外談判工作。其中包括：對外經濟長官會議、FTA推動委員會、民間諮詢委員會議、FTA實務推動委員會、FTA國內對策委員會與FTA民間對策委員會。這些委員會單位分別設置在不同的政府機構中。其中，對外經濟長官會議乃由政府相關部門首長組成，統籌與協調各部會之FTA政策；FTA民間對策委員會則由民間公協會議組成（參見圖2）。

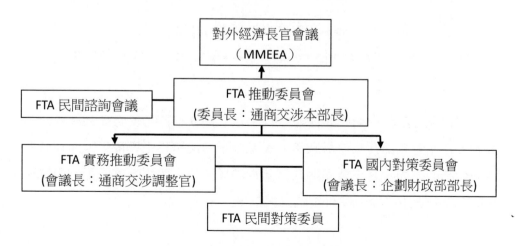

圖2　韓國參與FTA官民協力網絡

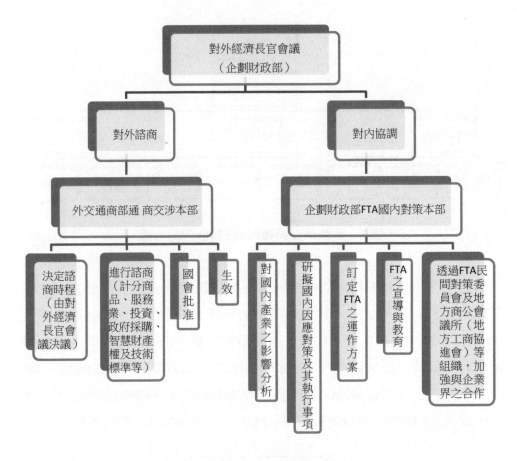

圖3　韓國FTA內外協力網絡

資料來源：姚鴻成，「韓國推動FTA政策方向與組織架構之探討」，中華經濟研究院報告（2012
年5月10日）。

　　根據圖3顯示，韓國建構落實FTA協力網絡，展現較務實之領導決策
機制。企劃財政部在政府具政策與資源分派的優勢和主導權，因而在政府
協力網絡的建構、意志貫徹與政策落實較具績效。然而，這並不代表韓國
在FTA決策運作過程中沒有歧歧見與抗爭。

　　　「韓國如何在經濟整合場域中交出漂亮成績單，就是『目標

明確，全力以赴』。和臺灣相比，韓國在野黨監督的力道不弱，剽悍程度尤有過之，當年為了反美牛進口，數十萬人走上街頭的場景歷歷在目；總統李明博也願意為了美牛進口爭議向人民道歉，只為了推動美韓洽簽FTA。」[11]

「韓國也面臨農民畜牧業者強烈抗爭。以韓歐盟FTA為例，政府提撥為期十年，約當損失金額兩倍的補償金給農民。針對敏感產品設定『防衛條款』作為安全閥，當進口產品大量增加時啟動這項『防衛條款』，以保護本國農產品。」

就比較觀點顯示，韓國政府決策運作模式，既有主導部會進行跨部會協調，亦有策略性協力網絡奧援，因而在簽訂FTA目標實現能力大幅提升。造就此一績效的成因在於組織與決策運作效應。[12] 此將有助於規避部會本位主義之干擾，以及強有力之領導決策，克服部會意見分歧。反觀我政府在組織運作設計與統合領導決策表現則不如人意。

韓國在外交通商部中，涉及FTA的局級與科級幹部即高達百餘人，其中各項產業專業分工與專才明確，加之外有相關政府智庫之奧援（包括KIEP和KIET），[13] 終促成FTA簽署計畫。反之，我政府在FTA人才培養與專業表現不足，尤其欠缺組織性之決策整合與協作能力，更使得政府在FTA參與滯後。換言之，我政府在人員編組、承擔FTA業務的專責與協作能力，顯不足以因應來自國內外的挑戰。明顯的，就專業的組織設計、人才匯集和準備，我政府和韓國FTA策略的因應協作存在明顯落差。

我政府再造於1990年代起，行政院即著手規劃進行政府改革工程，歷

---

[11] 「韓國大步向前 臺灣呢？」，聯合報，2012年5月18日。

[12] 黃亦筠，「快攻FTA韓國三個秘技」，天下雜誌，第485期（2011年11月15日）。

[13] 國務院發展研究中心赴韓國智庫專題調研考察團，「韓國智庫考察報告」，http://chinado.cn/ReadNews.asp?NewsID＝3162。

經陳水扁和馬英九總統任期相繼於2004和2010年通過相關法規。改革措施名為「行政院功能業務與組織調整」，並於2012年1月1日起分段實施。相關部會調整、機構設置與整併機構內涵如下：

表2　政府機構改革與職能調整

新機關名稱	主要業務內容	原機關
外交部	外交、條約、國際組織等。	外交部
財政部	國庫、賦稅、國有財產、促進民間參與公共建設、政策採購等。	財政部、內政部、工程會
經濟及能源部	工業、商業、貿易、投資、智慧財產權、標準及檢驗、能源、中小企業、創業輔導、產業園區等。	經濟部、青輔會
國家發展委員會	行政革新、經濟發展與社會建設等政策之規劃、協調、資源分配及績效評估、政府資訊管理、檔案典藏應用。	研考會、經建會、工程會、主計處
大陸委員會	總體大陸及蒙藏政策之運籌、兩岸經貿文化交流之規劃、統合、協調及協商等。	陸委會、蒙藏會

資料來源：1.國家發展委員會，「新行政組織架構區塊一覽表」，http://www.ndc.gov.tw/ml.aspx?.sNo=0040047#.vscavE39nDA。

　　　　　2.「行政院功能業務與組織調整」，維基百科，http://zh.wikipedia.org。

明顯的，我政府無論組織再造思路，或是經貿組織調整，不僅時程滯後，且未能有效強化國際經貿競爭。經濟部國際貿易局早年雖在拓展貿易與出口績效卓越，但政府建制屬三級單位，涉及部會協作與資源整合有較大局限性。即使領導之經濟部亦在跨部會協調能力恐亦有限。此外，經濟部雖於2007年3月下設「經貿談判代表辦公室」，負責政府對外多邊、區域及雙邊經貿談判，強化對外談判功能。[14] 不過，要因應全面FTA參與和

---

[14] 「經濟部經貿談判代表辦公室」，http://www.moea.gov.tw/MNS/otn/content/Content.aspx?menu-id=5864。

內部組織協調與利益糾葛，恐亦無能為力。因此，從因應外部區域整合與內部組織調整，顯皆存在認知不足、應對有限與領導缺失的挑戰。

肆、中韓FTA與兩岸ECFA效應

客觀而言，兩岸簽署ECFA之初，確曾令韓國擔心兩岸形成Chiwan會對韓國經貿與大陸市場發展產生衝擊，[15] 但實際上只是短期效應。由於ECFA早收清單品項與數量有限，加之兩岸服務貿易與貨品貿易談判進程滯後，便沒有對韓國構成實質威脅。反之，中韓FTA雖有關鍵項目，如面板、工具機與石化產業降稅不如預期，但是中韓FTA簽署的政治意涵、後續性中長經貿利益，以及韓國和我方產業同質性高的市場競爭，皆對臺經濟中長期發展產生不利影響。

兩岸ECFA簽署，基本上是2008年馬政府執政後政治互信與和平發展的結果，亦是兩岸協議簽署信任積累與經貿合作的產物（參見表3）。在此之前，我政府只能與邦交國簽署FTA（參見表1），但其貿易額占我GDP總量偏低（參見表4），無助於區域經濟整合全面參與和經貿貢獻。反之，兩岸2010年3月ECFA簽署後，我政府與非邦交國簽署FTA才現曙光，並分別於2013年簽訂臺紐與臺星FTA。換言之，臺灣必須面對的現實是，在兩岸簽署ECFA後，須有兩岸政治互信的基礎，且在名稱上不涉及主權爭議，才有擴大非邦交國簽署FTA的可能。事實上，這些非邦交國本身也早有意願和我政府簽署協議，但其在一定程度上必須看「中共臉色」。中國大陸是世界第二大經濟體，在區域具有地緣政治相對優勢，這是吾人必須面對的國際政治現實。

---

[15] 「Chinwan由來」，http://www.baike.com/wiki/chiwan。

表3　兩岸簽署23項協議（2008年6月至2015年8月）

時間	會議名稱	協議名稱
2008年 6月11~14日	第一次江陳會談	1.海峽兩岸包機會談紀要 2.海峽兩岸關於大陸居民赴臺灣旅遊協議
2008年 11月3~7日	第二次江陳會談	1.海峽兩岸空運協議 2.海峽兩岸海運協議 3.海峽兩岸郵政協議 4.海峽兩岸食品安全協議
2009年 4月25~29日	第三次江陳會談	1.海峽兩岸共同打擊犯罪及司法互助協議 2.海峽兩岸金融合作協議 3.海峽兩岸空運補充協議
2009年 12月21~25日	第四次江陳會談	1.海峽兩岸農產品檢疫檢驗協議 2.海峽兩岸漁船船員勞務合作協議 3.海峽兩岸標準計量檢驗認證合作協議
2010年 6月28~30日	第五次江陳會談	1.海峽兩岸經濟合作架構協議 2.海峽兩岸智慧財產權保護合作協議
2010年 12月20~22日	第六次江陳會談	海峽兩岸醫藥衛生合作協議
2011年 10月19~21日	第七次江陳會談	海峽兩岸核電安全合作協議
2012年 8月9日	第八次江陳會談	1.海峽兩岸投資保障和促進協議 2.海峽兩岸海關合作協議
2013年 6月21日	第一次林陳會談	海峽兩岸服務貿易協議
2014年 2月26~28日	第二次林陳會談	1.海峽兩岸地震監測合作協議 2.海峽兩岸氣象合作協議
2015年 8月25日	第三次林陳會談	1.海峽兩岸避免雙重課稅及加強稅務合作協議 2.海峽兩岸民航飛航安全與適航合作協議

表4　亞洲主要國家的FTA涵蓋率

	韓國		日本		新加坡		臺灣	
	國家數	出口百分比	國家數	出口百分比	國家數	出口百分比	國家數	出口百分比
FTA（已生效）	46	38.14%	15	19.91%	34	76.54%	6	10.38%
							2	（3%）
FTA（協商中）	1.加拿大	0.88%	1.韓國	10.11%	1.巴基斯坦	0.24%	1.中國大陸	23.54%
	2.墨西哥	1.65%	2.GCC	1.43%	2.烏克蘭	0.01%		
	3.紐西蘭	0.27%	3.澳洲	0.89%	3.埃及	0.09%		
	4.澳洲	1.69%	4.內蒙	0.02%	4.歐盟	8.6%		
	5.哥倫比亞	0.27%	5.加拿大	1.14%				
	6.中國大陸	24.52%	6.中國大陸	21.34%				
	7.日本	7.08%	7.歐盟	11.1%				
	8.GCC	3.57%	8.紐西蘭	0.11%				
			9.美國	15.88%				
			10.土耳其	0.24%				
	合計	78.07%	合計	82.18%	合計	85.48%	合計	36.92%

　　當前兩岸ECFA服貿與貨貿後續性協商，亦存在臺灣內政爭議與總統大選競逐之策略性考量。從民進黨2016若能勝選觀點而言，通過服貿與貨貿協議，將有利於2016執政後經濟榮景呈現，因此民進黨現階段並不盡然全然反對服貿與貨貿協議。甚至在一定程度上必須顧及經濟選民之訴求，泛意識形態的與世界第二大經濟體對抗，恐亦難獲選民普遍認同。反之，國民黨於2016年總統競逐處於劣勢，黨籍部分立委對ECFA後續協議的支持態度轉趨消極。此一政治矛盾與利益認知將對兩岸互動和政治格局產生影響。

　　然而，必須指出的是，中韓FTA的簽署之衝擊，是否會牽動兩岸服

貿、貨貿的過關？甚至要求中國大陸應給予更大優惠與讓步？目前看來並沒有必然的因果關係。事實上，當前兩岸進行的貨品貿易談判，在我方關注的面板、工具機、石化與汽車業等產業降稅與讓利空間有限，[16] 且貨貿較服貿的談判難度更高，加之臺灣內部立法與黨政部門爭議難解，皆可能遲滯ECFA後續協議的簽署。儘管如此，對中共而言，臺灣經貿規模與影響力有限，時間因素對臺灣較不利。大陸較在意的是：能夠規避政治疏離的經濟槓桿與依存性是否鞏固。因此，吾人應以更務實的策略，思考臺灣參與區域經濟整合的路徑與時機，並能同時保持政治自主的空間。

伍、評估與展望

傳統觀念之「大有為政府」已非時代需要，「小而美」、「小而能」的領航型政府才能符合現在政府的要求。過去的政府再造方式，多把焦點集中在組織整併與討價還價式的重組，終致徒勞無功。[17] 現代政府組織再造與決策運作，應以前瞻性之國家任務與目標導向為依歸，從而落實組織建制，並結合有效決策與督考機制，才能建立一個具有全球競爭力的活力政府。明顯的，近年政府組織再造成效不彰，多流於部門利益、民代角力與政黨對立的格局，終貽誤政府組織再造的契機。此外，經濟發展績效是政府施政的核心問題。尤其是民主、開放、多元之社會，經濟表現良窳，不僅涉及國家發展的可持續性、政府首長之滿意度，更攸關政黨輪替可能。明顯的，自由貿易協議之洽簽，對現代國家發展已成為一刻不容緩、不可或缺之戰略抉擇。因此，無論是FTA政策規劃的前瞻布局，國家相關

---

[16] 國際貿易局，「ECFA貨品貿易協議第10次協商在中國大陸舉行」，2015年4月2日，http://www.moea.gov.tw/MNS/populace/news/News.aspx?kind=1&menu_id=41572。

[17] 葉俊榮，「行政組織再造的目的與影響」，新世紀智庫論壇，第27期（2004年9月），頁114。

資源的整合、集中與配套、內部市場開放的決心，以及專業與智庫人才的培養和歷練，皆是造就FTA績效的必要條件。

從我與韓兩政府組織再造的變革取向，以及FTA相關決策機制的有效運作，韓政府之表現確實耀眼，亦可視為開發中與已開發國家的模範。然而，必須指出的是，韓國雖亦有在野黨的挑戰與強悍之民族性格，但卻無鮮明的國家認同爭議，也無北韓外部國際壓力與圍堵；儘管韓國亦有政黨輪替，但在FTA大戰略布局與落實目標之意志明確，因而能全力以赴。此外，韓國在決策機制運作上，除有外交與經貿部內整合綜效（synergy）外，亦減少部會間磨擦成本；「主導部會」企劃財政部具領導與財政分配實權，亦發揮統合與消弭分歧意見之作用，終使得韓國推動FTA成效卓著。反之，中華民國政府外在中共的制約下FTA拓展空間受限；加之內政治理與決策運作不彰，政黨輪替亦未改善弱勢FTA組織運作之格局，使得臺灣FTA策略運作落入「雙重陷阱」，而難有實質成果。

加入FTA必然涉及內部市場開放的挑戰，也會面臨國內受損產業部門和既得利益團體的抵制，尤其是攸關經濟規模與市場競爭優勢差異大的國家尤為明顯。明顯的，韓國在面對內部抵制和抗爭，除有政策說服的努力外，亦有相關產業部門的鉅額實質補貼。儘管部分FTA簽署，產業開放面對之抗爭十分激烈，但終能平息挑戰。一位韓國外交通商部的局級官員即曾表示：「其實抗爭的人就是那批人，只要努力做好他們的工作，就可以減少阻力。另外，政府政策說服民眾與實質補貼亦是重要環節。韓國即編列巨額補貼予受損產業。」儘管如此，韓國百姓在歷經市場開放與物價高漲的社會，亦承擔相當大之經濟壓力、所得分配差距和社會成本。一昧過度追求FTA簽署恐非萬靈丹，而是要依國家需求、經濟承載能力與妥善、配套條件與內部市場安排，才能追求國家與人民最大利益。

從比較觀點而論，我與韓國雖為民主體制且歷經政黨輪替，但韓執政黨任期只有一任，足以針對政府目標全力以赴，不必然一定須討好選民。

反之，我政府體制與政黨利益，則有較大牽制。在朝野互動上，韓國執政與在野黨對參與FTA的認知差距並非不能調和。然而，我政府一則因政黨輪替朝野與兩岸議題的衝突；二則在政府再造導向的優先目標與改革意志未能貫徹，終使得組織運作與決策機能難以彰顯。此外，韓國在FTA人才培養與整合，以及智庫提供協力運作與政策說服，皆是較具績效的表現。

　　基本而言，1997年金融危機導致韓國經濟重創，尤其是大型企業經營深陷生存危機，是其後促成韓國經濟振興和提升國際競爭力之重要動因。反之，中華民國政府在安然度過經濟危機後，又面臨首次政黨輪替，以及意識形態之局限，尤其是欠缺務實拓展FTA之強烈決心，加之兩岸政治因素之制約，終導致整體FTA簽署成效不彰。儘管2008年馬總統上任後，於2010年簽署兩岸經濟合作架構協議（ECFA），使得我政府在全球洽簽FTA成為可能。其後臺星與臺紐得以簽成，顯得力於ECFA簽署的外溢效果。儘管如此，吾人FTA簽署之努力仍須有更積極的作為。當前應對之道在於：強化簽署FTA之規劃布局，包括兩岸ECFA服貿與貨貿之簽署，以及展現開放國內市場之決心。也唯有透過更大之市場開放與完善配套作為，才能促成產業轉型升級、提升國際競爭力，以及擴大區域經貿整合參與。

參考書目

中文部分

「韓國大步向前 臺灣呢？」，聯合報，2012年5月18日。

何明國，「蘇起：國內自由有餘 制度化不足」，旺報，2012年5月24日，版A17。

姚鴻成，「韓國推動FTA政策方向與組織架構之探討」，中華經濟研究院報告（2012年5月10日）。

孫本初、趙美珍、劉奕宏，「政府組織再造所面臨的挑戰與因應之道」，T&D飛訊，第131期（民國100年11月16日），頁13~14。

徐仁輝、楊永年、張昕合著，公共組織行為（臺北：智勝文化事業有限公司，2005年1月），頁281~283。

陳秀蘭，「洽簽FTA落後 陳揆：很危險」，旺報，2012年5月10日。

陳怡之、謝碧鳳，「推動政府組織再造：服務與創新的策略思維」，科技發展政策報導（2004年5月），頁885~899。

彭漣漪，「韓國憑什麼贏」，遠見雜誌，第311期（2012年5月），頁184~193。

黃亦筠，「快攻FTA韓國三個秘技」，天下雜誌，第485期（2011年11月15日）。

葉俊榮，「行政組織再造的目的與影響」，新世紀智庫論壇，第27期（2004年9月），頁111~114。

劉大年、許茵爾，「亞太區域整合最新情勢」，經濟前瞻，第158期（2015年3月12日），頁11~15。

賴昭穎，「韓貿易部長」，聯合報，2012年5月18日，版2。

網路資料

「Chiwan-由來」，http://www.baike.com/wiki/chiwan。

「大韓民國外交部」，維基百科，http://zh.wikipedia.org/wiki/%E5%A4%A7%E9%9F%93%E6%B0%91%E5%9C%8B%E5%A4%E4%96%BA%A4%E9%83%A8。

「行政院功能業務與組織調整」，維基百科，http://zh.wikipedia.org。

外交通商部，http://www.libnet.sh.cn:82/gate/big5/www.istis.sh.cn/list/list.aspx?id=1133。

「經濟合作協定」，臺灣ECA FTA總入口網，http://fta.trade.gov.tw/ ftaopenpagenews. asp?k=0&t=RESULT&n=83。

「經濟部經貿談判代表辦公室」，http://www.moea.gov.tw/MNS/otn/content/Content.aspx?menu-id=5864。

國家發展委員會，「新行政院組織架構區塊一覽表」，http://www.ndc.gov.tw/ ml.aspx?sNo=0040047#.vscavE39nDA。

國務院發展研究中心赴韓國智庫專題調研考察團，「韓國智庫考察報告」，http://chinado.cn/ ReadNews.asp?NewsID＝3162。

國際貿易局，「ECFA貨品貿易協議第10次協商在中國大陸舉行」（2015年4月2日），http:// www.moea.gov.tw/MNS/populace/news/News.aspx?kind=1&menu_id=41572。

Designated among US Government agencies to coordinate the interagency oversight of the day-to-day conduct of an ongoing operation. The lead agency is to chair the interagency working group established to coordinate policy related to a particular operation. The lead agency determines the agenda, ensures cohesion among the agencies, and is responsible for implementing decisions, http:// www/ dsd/wa.gov.au/7633.aspx.

RCEP與東亞區域經濟整合：趨勢與挑戰

杜巧霞

（中華經濟研究院WTO及RTA中心研究員）

摘要

　　RCEP原本預計於2015年底成形，惟因各成員差異較大，整合的共識仍有不足，完成日期已展延至2016年。此外，由於RCEP整合的方式較有彈性，整合的程度可能不會一步到位。加入RCEP是爭取臺灣產品在國際市場公平競爭的機會，未來臺灣必須加入，惟各界對加入區域經濟整合應有正確認知。如果加入RCEP，臺灣將加速開放市場，開放市場措施不但可協助廠商進入更大的國際市場，取得公平競爭的機會，如果能逐步的開放，更可減少國內產業因為突然開放而可能承受到之衝擊。此外，在開放措施之下亦可能激發產業的動態調整能力，是促進產業技術進步，與整體經濟資源做更有效的利用與配置的動力，最終則可促進臺灣整體競爭力提升。

關鍵詞：區域全面經濟夥伴關係、東亞經濟整合、亞太區域經濟整合、東北亞經濟整合、自由化與結構調整

　　過去10多年來，亞太地區經濟整合積極發展，除了亞太國家個別的與他國簽署FTA、EPA或CEPA（全面經濟夥伴協定）以外，大型的區域整合主要有TPP及RCEP，其中TPP由美國主導，目前已有12國參加，是高水準、涵蓋層面廣泛，且宣稱為具有21世紀典範的整合體；RCEP為由東協主導，涵蓋東亞16國，是較具有彈性的整合體，但是也較欠缺積極主導的單一國家，甚至其成員間還偶有政治利益與領土爭議，故發展速度較慢。然而，兩者均以邁向亞太自由貿易區（FTAAP）為最終目標，以爭取主導亞太地區加強整合之領導權，故兩者亦呈現相互競爭態勢。

　　區域經濟整合是參與成員彼此間相互開放市場，其中RCEP 16國占臺灣對外出口比重約57%，而TPP 12國約占臺灣出口比重35%，故如果RCEP或TPP達成協議，對臺灣的出口絕對有不利影響，因此臺灣自從宣布將加入TPP後，當RCEP於2012年底宣布將展開十六國之協商後，臺灣對外也宣稱希望能夠適時參與RCEP。惟如果臺灣欲加入RCEP，臺灣所面的市場開放將會如何？本文主要分析RCEP之發展趨勢、其整合方式，我方欲加入可能面對的挑戰與影響等。

壹、RCEP演進與發展趨勢

　　RCEP起緣於東亞經濟整合，東亞經濟整合雖然由東協主導，但主要的核心國家為「中」、日、韓與東協十國，但是「中」、日對於東亞經濟整合模式一直有不同看法，因此東亞國家應加強經濟整合的構想，在東亞地區出現雖然已經超過10年以上，但涵蓋「中」、日、韓與東協，或者涵蓋更多成員的巨型的東亞經濟整合體一直尚未有具體結果。

一、東亞經濟整合思潮的興起

　　東亞國家應加強整合，以致成立東亞FTA的構想於2001年10月由「東

亞展望小組」（East Asia Vision Group, EAVG）在東協加三高峰會上提出，並達成共識，EAVG將此東亞FTA設定為中長期目標。其後在2004年中國大陸提出第一期「東亞自由貿易協定」（East Asian FTA, EAFTA/東協加三）構想，並由中國大陸主導研究EAFTA對參與成員的經濟影響，於2006年在東協加三高峰會上報告[1]。第二期研究由韓國主導，在2009年8月東協加三經濟首長會議上進行最終報告。從經濟效益來看，兩期研究報告皆肯定東協加三FTA對各成員經濟具有正面效益。但是日本於2007年推出「東亞全面經濟夥伴關係」（Comprehensive Economic Partnership Agreement for East Asia, CEPEA/東協加六）構想，以日本為首，號召東亞高峰會議的會員國一起推動東協加六FTA，[2]並於2009年8月在東協加六經濟首長會議上進行報告。2009年10月第12屆東協加三高峰會上，各國領袖同意EAFTA和CEPEA並行。由於中國大陸和日本分別支持東協加三架構下之EAFTA和東協加六架構下之CEPEA，兩種意見無法整合，東協則因尊重兩邊的意見而堅持採取中立的立場，以至東亞經濟整合，無論是EAFTA或CEPEA均無積極發展。2011年11月19日的東協高峰會上，東協將東協加三和東協加六妥協為涵蓋十六國的「區域全面經濟夥伴協定」（RCEP），並獲得十六國同意通過。

二、RCEP構想的形成

　　RCEP構想的討論，最先出現於2011年2月在緬甸奈比多（Naypyidaw）舉辦之第18屆東協經濟部長非正式會議（18th ASEAN Economic Ministers（AEM）Retreat）。在該次會議中，東協經濟部長提出有關RCEP的草案文件，強調未來將在由東協領導的過程中，與東協的

---

[1]　孫曉郁，中日韓可能建立的自由貿易區（北京：商務印書館，2006）。

[2]　杜巧霞等，兩岸情勢下我國參與東亞區域整合策略研究（中華經濟研究院，2009），頁12。

FTA夥伴國（包括澳洲、中國大陸、日本、韓國、印度與紐西蘭），及其他欲加入東協的貿易夥伴，重啟與推動建立自由貿易區的討論，該自由貿易區將以消除95%的貨品關稅為主要目標。

　　2011年8月，在第43屆東協經濟部長會議的討論中，東協部長們繼續就東亞自由貿易區（EAFTA，即東協加三）、東亞全面經濟夥伴關係（CEPEA，即東協加六），以及其與「東協加一」FTA的可能匯集模式等建議，進行具體意見的交流，並責成各工作小組於2011年召開第19屆東協高峰會前，提交報告與建議。

　　2011年11月第19屆東協高峰會正式通過RCEP之區域整合架構倡議[3]。基本上，該倡議與前述「東協加三」及「東協加六」的主要不同之處在於，RCEP並未預先設定加入會員國之對象。相反的，該整合架構倡議係基於「開放加入」（open accession）特性，希望促成已與東協簽署FTA之夥伴國，在其做好參與準備時加入該協定。2012年11月第21屆東協高峰會上，16國領袖正式宣布啟動RCEP談判。隨後至2013年5月前，主要為RCEP談判籌備時期，各國共舉行2次談判預備會議，至2013年5月9日至13日則在汶萊召開第一回合正式談判，正式設立貿易談判委員會（Trade Negotiation Committee, TNC），並另設貨品貿易、服務貿易與投資3個談判工作組。在此回合談判中主要的工作除了成立工作組外，談判成員討論了談判方針、談判範圍、減讓模式等。但RCEP 16國並無正式公布第一回合談判結果。

　　第二回合談判於9月在澳洲布里斯本舉行，主要是繼續討論關稅減讓模式、章節架構及各議題可能涵蓋的主要內涵（見表1）；第三回合於2014年1月在馬來西亞舉行，各小組分別就市場開放、貿易障礙、原產地

---

[3]　徐遵慈，「東亞整合新路徑：區域全面經濟夥伴協定（RCEP）之發展前景與我國之因應對策」，貿易政策論叢，第18期（臺北：全國工業總會貿易發展委員會，2013年），頁66。

規則、關務程序、貿易便捷化、檢疫與衛生、產品標準、服務貿易等議題進行廣泛地討論。因此談判工作組也新增經濟技術合作、智慧財產權、競爭政策及爭端解決4個組，使談判工作分7個組進行。此外，在貨物貿易領域下亦成立原產地規則和海關程序與貿易便捷化2個工作小組，在標準及技術法規和衛生檢疫方面展開專家組討論。

第四回合於2014年3月31日至4月4日於中國大陸南寧舉行，此次首次談到智慧財產權，韓國與紐西蘭並針對政府採購聯合提案。此外韓國也對貨品貿易談判提出基本方針，為日後韓國主導RCEP談判奠定基礎。第五回合則於2014年6月在新加坡舉行，此次來自16國的代表多達600餘人，共同討論的議題除了有繼續第四回合的各項議題外，亦增加了是否將加入中小企業、電子商務、全球價值鏈及政府採購等議題，惟並沒有結論。第六回合於2014年12月1日於印度召開，主要討論市場自由化的程度，以及中小企業、電子商務及政府採購等議題。

2015年RECP共舉行四回合談判，各次談判主要在協調降稅比率，其中日本、澳紐主張提高零關稅比率，但中國大陸、印度以國內產業為由，原本只同意開放40%，後來經過多次協商，並召開部長會議，至2015年10月第十回合談判時，已大致就會員國家間分三種模式降稅達成協議，惟就協定之內內涵議題仍未確定，此外服務貿易不能倒退與最惠國待遇，印度亦無法承諾，故談判時程預計將延至2016年中或2017年。

表1　RCEP談判進展

回合	時間	地點	主要內容
第一回合	2013.5.9~13	汶萊	預訂以2014年底為結束談判的目標。成立3個談判工作組。
第二回合	2013.9.23~27	澳洲布里斯本	討論減讓模式、章節架構、各議題的可能內涵。

回合	時間	地點	主要內容
第三回合	2014.2.21~24	馬來西亞吉隆坡	在貨品、服務、投資、智慧財產權、競爭、經濟和技術合作、爭端解決交換意見／新增四個談判工作組。日本：提議設定不設期限的通用自由化稅率；澳洲：建議應設定期限；東協：對低收入國另定目標；中、韓：不要事先設定目標。
第四回合	2014.3.31~4.4	中國南寧	繼續討論貨品、服務、投資自由化模式準則、合作領域，加入競爭、智慧財產權議題。
第五回合	2014.6.23~6.27	新加坡	討論貨品、服務、投資自由化、競爭、智慧財產權、經濟合作及法制議題。此外也討論了是否將涵蓋中小企業、電子商務、全球價值鏈及政府採購等議題。
第六回合	2014.12.1~12.5	印度	討論自由化程度、中小企業、電子商務及政府採購議題。
第七回合	2015.2.9~13	泰國	各會員國由於關稅結構差異大，且部分東協FTA夥伴國尚未簽署雙邊FTA，關稅調降比率未達共識。
第八回合	2015.6.8~13	日本	日本與東協提議，開放市場程序應予提高，獲澳紐同意，但中國大陸、印度以國內產業為由，未達共識。
第九回合	2015.8.3~8	緬甸	1.各成員國暫將貨品貿易關稅減讓分成三種模式，服務貿易以正面表列，但不倒退方式開放，惟開放部門未具有共識。 2.東協與東協FTA夥伴於協定生效時，將65%零關稅10年完成80%，尚未簽署FTA之國家間，可容許較低之自由化比率。

回合	時間	地點	主要內容
第十回合	2015.10.12~16	韓國	貨品貿易國關稅減讓之三種模式達成共識，惟就個別品項尚未達成共識。預計將於2016年舉行第11、12、13回合談判及第4屆部長會議。

資料來源：作者自行整理。

三、RCEP可能內涵

在RCEP已經召開的各次談判中，各會員國的態度稍有不同，其中在第一回合談判中，日本及澳、紐表現較為積極，日本除了建議以貨品、服務及投資為3大優先談判領域外，更呼籲先行成立智慧財產權、爭端解決機制等領域之談判工作組。相對的，中國及印度主要為跟隨的態度。

在第二回合談判中，貿易談判委員會對貨品貿易、服務貿易與投資等三個工作組皆召開會議。在貨品貿易方面，各方重點討論關稅減讓模式、章節結構及要素等問題，並就關稅與貿易資料交換、原產地規則、關務程序等問題進行交流，同時也決定成立原產地規則分組及關務程序與貿易便捷化分組。在服務貿易方面，各方對協定章節結構、要素等問題展開討論，並就若干服務業部門開放問題初步交換意見。在投資方面，主要就章節要素進行討論。

此外，各方也針對經濟技術合作、智慧財產權、競爭政策及爭端解決等議題進行資訊交流，因此到第三回合時，新增成立經濟技術合作、智慧財產權、競爭政策及爭端解決4個工作組，同時在貨品貿易之下成立數個工作分組，針對關稅談判、非關稅措施、標準、技術規則、符合性評估程序、食品安全檢驗及動植物檢疫措施、關務程序、貿易便捷化及原產地規則展開討論。另在服務貿易與投資章別，則討論其未來可能涵蓋的內容與結構。

　　2014年3月31日至4月4日RCEP 16國於中國大陸南寧舉行第四回合談判，繼續討論貨品、服務、投資自由化模式、準則、合作領域等，此外也加入智慧財產權議題。第五回合談判於2014年6月在新加坡舉行，第六回合於印度舉行，則進一步討論未來市場進入自由化的程度，以及加入中小企業、電子商務及政府採購等議題。[4] 第七至十回合談判則分別在泰國、日本、緬甸、韓國舉行，主要協商內容均在凝聚市場開放程度之共識。至2015年底，各國開放程度已有初步共識，但尚未就產品別降稅程度達成共識。

　　從已公布的RCEP談判資料可知，RCEP的協商原則將以5個10+1 FTA為基礎而進一步提升自由化程度，但同時也對東協的後進國家給予差別及優惠待遇，以及將維持與WTO一致的自由化原則。而RCEP未來可能涵蓋的議題，在各次談判成員國逐次提案後，其涵蓋層面已不斷地擴大。

貳、東北亞經濟整合決定東亞經濟整合實質進展

　　RCEP的主要成員除了東協以外，由於經濟實力的關係，「中」、日、韓實為決定RCEP整合方式、整合程度與深度更重要的成員。過去由於中國大陸經濟改革所帶動的東北亞地區之產業合作與分工，是促成三國進行經貿層面實質整合的重要原因，未來在加強制度面整合時，「中」日韓是否也能積極地展開，實與中國大陸的政經改革、經濟表現，以及其與日、韓在此區域的政經互動有密切關係。

一、東北亞「中」日韓經濟整合進展

　　當東協在主導EAFTA時，「中」、日、韓三國峰會是附屬於東亞峰

---

[4] MOTIE，Korea網頁，歷次談判相關資料。

會，而另外同時舉辦的次區域級的領袖峰會，直到2008年「中」、日、韓峰會始脫離東協加三的架構而獨立，顯示三國加強制度面整合的意願不若東協。

　　2009年10月三國召開「中」日韓高峰會，通過將展開「中」日韓FTA產官學共同研究。共同研究於2012年5月完成，根據研究結果，三方決定於2013年3月展開第一次協商（見表2），討論的範圍包括：FTA協商的基本原則、涵蓋範圍和協商進行方式等事項。2013年6月三方於中國大陸上海舉行第二回合談判，2013年11月26~29日於日本舉行第三回合談判，三方所討論的議題擴大至15個領域，同時三方預計於2014年底達成協議。2014年3月4~7日三方於韓國首爾舉行第四回合談判，就各項議題進行廣泛討論，但是對智慧財產權未能召開工作小組會議，[5]另方面日經中文網3月10日報導「中」日韓FTA很難在2014年底達成協定。

表2　「中」日韓FTA談判進展

回合	時間	地點	內容	備註
第一回合	2013.3.26~28	韓國首爾	FTA的機制安排、談判方式。	
第二回合	2013.7.30~8.2	中國大陸上海	商討關稅減讓方式、談判範圍；在智慧財產權、電子商務舉行專家對話。 日本主張三方自由化率在90%以上。	
第三回合	2013.11.26~29	日本	加入環境、政府採購、食品領域對話。	共有15個領域，預計2014年底達成協議。

---

[5]　MOTIE，Korea網頁，「韓中日第四輪談判結果」，2014年3月10日瀏覽。

回合	時間	地點	內容	備註
第四回合	2014.3.7~10	韓國首爾	貨貿之降稅模式、服務貿易與投資之開放方式未達共識。	
第五回合	2014.9.5	中國大陸北京	繼續貨貿降稅模式、服貿及投資開放方式之協商，以縮小認知差距、三方同意加入電子商務、環境、合作等議題，並成立工作小組。	無法於2014年底達成協議。
第六回合	2015.1.16	日本東京	繼續就降稅模式、服貿及投資開放方式進行協商。	
第七回合	2015.5.12	韓國首爾	繼續就貨貿、服貿、投資、協定範圍領域進行深度交換意見。	

資料來源：作者自行整理。

　　「中」日韓加強整合的貿易談判進展，不如其各自展開FTA談判之進展，可以推測是因為三方在政治和經濟制度方面仍有差異、各自敏感的部門各不相同、各國所關切的重要議題也相互有異，例如日本曾對中國大陸的智慧財產權保護提出關切，以及三方對領土主權及二戰後的歷史恩怨仍有爭議，因此協商的過程並不順利。不過在RCEP、「中」日韓FTA進展的同時，「中」韓FTA也同時發展，並在2014年1月完成實質性談判，以及在2015年6月1日正式簽署完成。由於「中」韓FTA達成協議，未來對「中」日韓FTA是否具有加速推動的效果，頗值得吾人密切注意觀察。

二、「中」韓加強整合之經濟考量

　　「中」韓相互貿易在過去10年快速成長，其中韓國對中國大陸出口由

2002年237.5億美元，到2014年成長為1,452.87億美元，增加5.1倍；同時期韓國自中國大陸進口由165.7億美元增加為900.8億美元，十年增加4.4倍。在「中」韓雙邊貿易中，韓國對中國大陸的出口71.2%為半成品與零組件，在韓國自中國大陸的進口中，半成品及零組件占比約61%，由於中國大陸不僅是世界工廠，目前也具有世界市場的功能，韓國對中國大陸的出口，主要為在以中國大陸為最後組裝地的東亞分工體系中，所擔任的零組件與半成品供應商角色。由於東亞的分工體系，以及東亞各國展開的區域經濟整合，使各國間的產業分工愈來愈細、競爭程度也日益激烈，為降低專業化分工地區日益分散導致的連結成本提高，各國無不積極投入區域經濟整合，不但形成競相自由化現象，多數國家更以形成東亞共同體為長期目標。

對韓國來說，CKFTA是其邁向東亞共同體重要的一步。因此在韓國所參與的FTA中，韓國多要求高水準的開放市場，寬鬆、簡單且易於統一的原產地規則；在服務貿易方面，要求以負面表列方式呈現、必須加強對投資及智慧財產權的保護，同時開放政府採購、列入競爭政策及貿易救濟措施等，使之成為全面性的FTA。為了達成東亞共同體的長期目標，已有學者建議，[6]「中」韓雙方目前對FTA的內容不必一次大幅度的開放，只要規劃出可以長期持續討論、逐步達成目標的方案即可。若此種論述被RCEP會員接受，則RCEP的彈性將擴大，過渡期將拉長，而整合成功的機會將提高。

2015年2月26日「中」韓完成FTA談判，同年6月1日正式簽署。根據雙方政府發布的消息[7]顯示，「中」韓貨品貿易關稅於10年內，零關稅項

6　楊平燮，「KCFTA的主要爭點與展望」，台韓商競合、機遇與挑戰研討會（臺北，2013年5月）。

7　綜合MOTIE，Korea及中國商務部網頁相關資料。

目將分別達71%及79%，20年則達91%及92%，此與韓國過去所簽的FTA
比較，自由化程度偏低，過渡期偏長，但是在過渡期完成後，零關稅比
例仍達90%以上。此外，「中」韓FTA有22章，包含服務貿易、投資、金
融、電信、電子商務、智慧財產權、貿易便捷化、經濟合作等專章，是全
面性的FTA。此顯示「中」韓FTA一方面具有彈性，雙方各有較多的保留
項目，另方面涵蓋範圍廣，符合當前FTA的潮流趨勢。

參、RCEP與東協的關係

　　TPP是由美國主導的區域經濟整合，RCEP則由東協主導。東協由東
南亞國協的十個會員國組成，十個會員國間經濟發展程度、產業結構、經
濟規模均有相當的差距，而東協一向尊重各成員間的差異性，因此對於所
得偏低的後進國家（寮、緬、越、柬）一向主張給予其特殊與差別待遇，
對於各國為了產業發展而期望保留的敏感項目也給予彈性，因此在推動自
由化的過程中主要是以共識決為主。在加強東亞經濟整合時，主要是形成
「以東協為中心的平台」，以集體的談判力量促成東亞的區域合作。於
是東協本身必須加強整合，同時期望以強化本身的整合，來凝聚推動東
亞經濟整合更具體的力量，例如：東協在2003年即完成東協自由貿易區
（AFTA）的整合，目前更推動加強成員間經貿、投資、文化、與安全等
各層面的整合，並預計於2015年完成東協共同體。此外，更在東協共同體
已經設定的發展目標下，再擴大至「中」、日、韓、澳、紐與印度整合，
而預計於2015年完成RCEP。

　　東協既然是由10個經濟規模有限的開發中國家所組成，在其推動經
濟整合時，也由於缺乏強而有力的主張而缺乏明顯的動力。以「10+3」
與「10+6」自2007年出現爭議以來，東亞經濟整合的進展已停滯不前來
看，可以說就是這種結構所展現的最主要限制。2011年底雖然東亞經濟

整合再以RCEP形式呈現，但是組成成員不變，其所欠缺的主導力量仍然是問題，尤其東協共同體的進展至2013年止。據東協本身的評估，其完成度只有80%，由於尚未完成的部分都是困難度最高的部分，因此到2015年底是否能如期完成，實尚難以預料。如果完成度不足，如何繼續推向RCEP，是未來值得觀察的重點。

另根據日本（2014）藍皮書指出，RCEP成員中各國所擔心的問題各不相同，短期內難有實質進展。例如：印度平均關稅7.2%，較擔心開放市場後，來自中國大陸的製造品之進口；澳洲希望加入環境、勞工等高標準內容；而日本本身對農產品開放則十分保守。由於東協部分成員經濟發展程度與每人國民所得，與日本差距高達300多倍，不利於進一步加強合作的深度與廣度，因此RCEP在短期內的整合程度可能難以深入。

肆、RCEP與TPP關係

毫無疑問地，RCEP的倡議主要是受到TPP積極發展的影響。TPP是一個涵蓋面廣、自由化程度高，不但具有較強的約束力，亦被稱為高門檻的21世紀FTA的典範。TPP的內容包括了從貨物貿易、原產地規則、海關程序、到貿易救濟措施、衛生和植物檢疫措施，再到技術性貿易障礙、競爭政策、智慧財產權、政策採購、服務貿易、自然人移動、政府透明度、爭端解決和價值供應鏈等。為了完成如此眾多的議題，TPP涵蓋30章共25個領域，從中不難看出其所涉及議題的廣度和深度。

相對於TPP，RCEP較具有彈性，可以保留較多敏感性項目，較受東亞國家歡迎。雖然這種安排可能使RCEP整合的經濟效益大打折扣，但是卻強化了其現實基礎。其次RCEP不僅是一個貿易協定，同時也是東協加強與重要鄰國戰略夥伴關係的法制架構，各參與國在爭取東亞區域的主導性、加強區域合作的意識形態下，應不會輕易放棄RCEP的繼續推動，惟

由於缺乏有力的主導力量,其進展會相對較慢。

　　2014年4月歐巴馬訪問東亞4國,首站抵達日本,由於美日峰會原本就設定了TPP議題,各界無不密切觀察日本是否會在開放農品市場方面給予歐巴馬總統額外承諾,然而根據最後雙方發表的共同聲明顯示,膠著的議題仍然未能解套。此後TPP又舉行過多次部長會議及談判代表會議,美日之間也繼續就雙方如何開放市場而進行雙邊協商。至2015年首先在美國國會通過貿易快速授權法之後,同年9月底至10月初TPP12國再度聚集於美國亞特蘭大市,最後終於在10月5日宣布達成協議。根據TPP成員國公布的協商草案內容來看,得知各國自由化的比率的確非常高,而且涵蓋的議題亦廣,很多是在其他區域貿易協定中未曾出現的議題,因此TPP在規範亞太地區貿易規則中取得了領先地位當無疑義。對於RCEP則可能因TPP之完成,而具有向前推動的動力。

伍、亞太區域整合對臺灣可能之影響

　　區域經濟整合對會員與非會員的影響,主要視整合體去除貿易障礙的程度,以及各成員或非成員國與整合體的經貿關係深淺而定。由於FTA/RTA涵蓋的領域愈來愈廣,而且很多自由化的措施或經濟合作項目難以量化,不易藉由經濟的量化模型進行評估。惟由於經濟整合的核心為市場進入,透過量化的市場開放程度、會員們間彼此分工合作與相互貿易關係,再利用全球貿易分析(Global Trade Analysis Project, GTAP)模型,可以約略估計消除市場進入障礙後對所有成員或非成員之影響。

　　2007年中經院[8]曾經利用GTAP模型估計,若臺灣無法參與東協加

---

[8] 杜巧霞等,兩岸新情勢下我國參與東亞區域整合策略研究(中華經濟研究院,2009年),頁46~52。

六，在東協加六完成整合後，臺灣GDP可能會負成長1.8%，反之如果參與東協加六，使之成為東協加七，臺灣GDP可能正成長2.1%。

2012年中經院[9]針對韓國所建構的FTA網絡，分別依其已完成的8個FTA（韓美、韓歐、韓東協、韓EFTA、韓星、韓智、韓秘、韓印度、韓土FTA），加上未來可能完成的KCJFTA，以及再加上目前正在談判中的FTA三種情境，利用GTAP模型分別進行模擬分析，發現在其已完成8個FTA（不包含服務貿易自由化）後，對臺灣GDP負面的影響為-0.143%；若8個FTA再加上KCJFTA，其對臺灣負面的影響將達-1.154%；若再加上其他韓國正在談判中的FTA，對臺灣負面的影響則達-1.155%。由此可見KCJFTA實為對臺灣負面影響最大的FTA。此外，若KCJFTA繼續擴大為包含十六國的RCEP，則其對臺灣負面的影響將進一步擴大。如果分別就「中」日、「中」韓與日韓FTA來看，又以「中」韓FTA對臺灣的負面影響最大。

針對已經於2015年6月1日完成的KCFTA，臺灣由於地理位置、經濟發展程度與產業結構均與「中」韓有密切關係，因此可能會受到最大不利的影響，在吸引外資方面，也可能因臺灣無法融入東亞區域整合而受到負面影響。然而臺灣與中國大陸已於2010年6月29日簽署「兩岸經濟合作架構協議」（ECFA），捷足先登中國大陸市場，但ECFA僅為架構協議，我方享有的優惠待遇極為有限，因此ECFA之後的FTA協議，包括兩岸服務貿易協議與貨物貿易協議勢將更為重要。不過2014年3月18日的學運卻凸顯了臺灣有一部分民眾，尤其是不少年輕人對兩岸簽署服貿協議、對中國大陸服務業之進一步開放仍有相當疑慮，因此對臺灣未來如何參與亞太經濟整合，如何參與RCEP均投入了不少變數。

---

[9] 杜巧霞等，韓國在全球形成FTA網絡對我進出口產業之影響及因應對策（中華經濟研究院，2012年），頁43~55。

　　區域經濟整合、加速自由化為當前國際經貿領域的重要活動，中國大陸的崛起是促成此區域經濟整合風潮的重要因素之一。開放市場、加速自由化是各國爭取動態成長與發展的重要方式，臺灣目前在國內民眾方面，似乎還有很大一部分未對中國大陸開放市場做好準備，這其中可能有對中國大陸的不信任、對兩岸因為隔閡太久與制度面差異呈現的不放心。此種非經濟層面的障礙，顯示雙方在化減制度面差異、建立互信上仍然需要更多溝通與宣導。以下主要就經濟層面面對的挑戰分析。

陸、臺灣參與區域經濟整合的經濟思維

　　加入區域經濟整合，所有成員必須積極開放、加速自由化，臺灣目前除了剛簽署完成的臺紐、臺星經濟合作協議以外，尚未與主要貿易夥伴簽署FTA（兩岸ECFA只是架構協議，服務貿易協議仍卡在立法院），其中原因固然有外在因素，但是國人對開放市場後可能對國內產業的影響，若未有正確的認知，可能會影響未來我方在雙邊談判方面的進展。由於目前我方主要的貿易夥伴與競爭對手幾乎均已經完成若干FTA，而我方為高度向外導向的經濟體，若無法加入區域經濟整合，將使臺灣經濟發展受到嚴重限制，因此我方勢必要積極爭取加入之機會。然而加入區域經濟整合的談判完全是自願的，只有願意積極開放市場的夥伴才可能在經濟整合活動中得到他國同樣開放市場的互惠待遇。我方若無法對加速自由化給予相當程度的承諾，未來在加入區域經濟整合的談判中，也將無法順利得到FTA談判對象國的認同。因此不管是面對當前的亞太經濟整合，還是RCEP，我方勢必要有更積極且主動的自由化規劃與戰略思考，以爭取我方最大利益。以下分別由我方目前的邊境保護程度以及未來可能面對參與經濟整合應有的經濟思維加以說明：

一、臺灣邊境保護措施未來必須進一步開放

臺灣於2002年1月加入WTO，在入會談判中，WTO會員國依照臺灣經濟發展與過去多邊貿易體制降稅程度，要求臺灣必須加速自由化，因此承諾了相當程度的市場開放。入會後臺灣依據承諾陸續降稅，至今製造業產品關稅已接近已開發國家水準，2011年平均名目關稅率為4.23%，貿易加權平均稅率則僅有1.29%（見表3），如果扣除退稅的部分，2010年平均實質稅更只有0.68%。在農產品關稅方面則較高，2010年平均名目稅率為13.88%，平均實值稅率7.9%，貿易加權平均稅率8.5%。由於未來RCEP可能只能容許5%項目可以保留關稅，以目前臺灣關稅水準而言，此極少數項目可能均屬農產品。

表3　臺灣進口貨品平均關稅

	平均名目稅率(%)				平均實值稅率(%)			貿易加權平均稅率(%)		
	2008	2009	2010	2011	2008	2009	2010	2009	2010	2011
農業產品	13.16	13.73	13.88	13.88	7.97	8.16	7.94	8.37	8.55	8.3
工業產品	4.09	4.18	4.18	4.23	0.68	0.72	0.68	1.21	1.16	1.29
全部產品	5.56	5.71	5.85	5.89	1.07	1.2	1.13	1.52	1.5	1.55

資料來源：財政部關政司。

以HS21大類商品別來看（見表4），更可以發現臺灣關稅偏高的項目主要有：動物產品（平均關稅16.8%）、調製食品（16.5%）、動物油脂（12.5%）及植物產品（11.7%），至於工業產品中保護程度最高者——運輸設備，平均關稅水準僅有8.9%。

表4　臺灣關稅結構（按21大類分）

HS類別	2011年臺灣平均名目執行稅率（％）	HS類別	2011年臺灣平均名目執行稅率（％）
1.活動物、動物產品	16.89	13.玻璃製品	6.67
2.植物產品	11.79	14.寶石	0.09
3.動植物油脂	12.55	15.卑金屬及其製品	2.64
4.調製食品	16.54	16.機械用具	3.64
5.礦產品	1	17.運輸設備	8.97
6.化學及其製品	2.59	18.精密儀器	2.65
7.塑膠及橡膠	4.79	19.武器彈藥	1.59
8.皮革	3.23	20.雜項製品	3.14
9.木製品	1.96	21.藝術品	0
10.木漿、紙或紙漿等	0	總計	6
11.紡織品及紡織製品	8.8	農產品小計	13.8
12.鞋帽	6.15	工業產品小計	4.23

資料來源：作者整理自WTO IDB資料庫。

　　儘管目前關稅水準偏高的部門是未來臺灣加入RCEP時將面臨最大開放程度的部門，但是除了關稅保護以外，臺灣在邊境保護措施方面還有從量課稅或以關稅配額（TRQ）、特別安全防衛（SSG）措施對特別敏感項目加以保護，這些措施如果化做關稅等量，常常超過一般的高關稅水準，因此高關稅、關稅配額及從量課稅項目等均為臺灣在加入RCEP談判中將面臨較大調整壓力的項目。此類產品主要包括有：芒果、紅豆、香蕉、桂圓肉、乾金針、乾香菇、液態乳、鹿茸、稻米、雞腿及雞翅、其他雞肉塊、柿子、豬腹肉、家禽雜碎、家畜雜碎等，未來除了少部分項目可以保留以外，大多數均可能於過渡期完成後必須降稅為零。此外在農、工業產品的關稅高峰項目方面，如：農產品關稅在30%以上，工業產品關稅在

15%以上者可能可以爭取酌量保留或爭取較長的過渡期。事實上由各國開放市場之方式來看，降稅為零的方式很可能可以「後段加重」及季節關稅的方式開放；此外，極少部分項目應該仍可以關稅配額之方式開放，惟配額內必須零關稅，配額量必須逐年增加。另外亦有減緩衝擊的安全防衛及特別安全防衛措施，可以在開放之後，如果進口數量與進口價格有異常的增加或下降時，以防衛措施來緩和進口增加對國內產業可能形成之衝擊。惟各項措施所涵蓋的項目可能均相當有限，因此農產品顯然是臺灣在未來加入區域經濟整合談判中必須積極因應調整的項目。至於在工業產品方面，雖然運輸工具平均關稅只有8.9%，但是仍有約83個稅目處於關稅高峰（15%含）以上，未來可能可以爭取以「後段加重」的方式逐步開放或酌予保留。

二、主動調整之經濟思維與因應

　　加速開放市場與加速自由化是否會對國內產業形成不利衝擊，是國人最關心的課題，但是在經濟整合趨勢之下，不開放即無法取得在國際經貿場域公平的競爭機會，因此如何強化國內產業的因應調整能力應是在加入區域經濟整合時，同樣必須重視的課題。於是如何做好加入區域經濟整合的準備、積極開放市場、提供符合區域經濟整合高度自由化的市場進入承諾就是我國必須積極面對的課題，因此社會大眾對於開放市場的效益應有正確認知。

　　所謂開放市場可能產生的經濟效益，是指透過自由貿易可促進競爭、並使資源配置更加有效的國際貿易原理。因為經由充分利用彼此相對優越的生產技術、資源秉賦，擴大專業化分工，並透過貿易可以讓彼此的經濟效用得到更大滿足，以致所得與社會福利均可望經由自由化而提高。其次，既然RCEP為高度自由化的整合體，臺灣在農產品部門所呈現的高保護必須與RCEP成員一樣大幅度取消。不過在此同時，由於所有RCEP成

員對臺灣也同樣開放市場,而臺灣仍有很多農產品在國際市場具國際競爭力,因此對臺灣而言,主要是生產產品結構的改變。

第三開放市場後對國內產業的衝擊與產業的因應調整能力大小有密切關係,如果臺灣業者具有靈活的應變能力,因為加入區域經濟整合而必須開放市場的程度有限,而且至完全降稅至零的過渡期很長,業者就可在過渡期間逐步調整而不致於對國內產業形成過大衝擊。由於臺灣就是以具有靈活因應的中小企業為主,而目前必須撤除的貿易障礙又不算太多,因此開放之後可能產生的衝擊其實相當有限。

三、臺紐、臺星ECA可以成為臺灣參與區域整合的模式,並持續擴大

自從兩岸簽署ECFA之後,兩岸關係已進一步改善,從臺紐、臺星ECA來看,應該可以成為臺灣加入區域經濟整合的模式。未來如果兩岸服務貿易協議與貨品貿易協議可以順利完成,在兩岸互信基礎進一步充實之下,相信或許可以發展出參與更高層級的區域經濟整合組織模式。

四、自由化措施是協助臺灣產業積極調整之動力

以RCEP自由化的程度言,主要包括關稅與非關稅的取消,以及法規制度的調整。在取消關稅障礙方面,RCEP兩者零關稅的比率可能都在95%上下,而目前臺灣工業產品實質關稅水準只有0.68%,故未來必須取消的關稅保護程度實際上已經非常有限。至於農產品部分開放的幅度較大,如果真有不具調整能力的弱勢業者,可以輔導措施、貿易救濟措施、安全防衛措施,以及甚至社會福利措施,協助業者提升競爭力、改變生產產品種類、給予貿易調整協助,甚或所得補助等。

綜合而言,加入RCEP是爭取臺灣產品在國際市場公平競爭的機會,未來臺灣必須加入,惟各界對加入區域經濟整合應有正確認知。未來臺灣將加速開放市場,開放市場措施不但可協助廠商進入更大的國際市場,取

得公平競爭的機會，如果能逐步的開放市場，更可以減少國內產業因為突然開放而可能承受到之衝擊，此外在開放措施之下更可能激發產業的動態調整能力，是促進產業技術進步與整體經濟資源做更有效的利用與配置的動力，最終則可促進臺灣整體競爭力之向上提升。

參考文獻

中國大陸商務部網頁。

杜巧霞等，中日韓建立自由貿易區對我國對外貿易、投資、產業及經濟發展可能之影響（臺北：中華
　　經濟研究院，2010年）。

杜巧霞等，兩岸情勢下我國參與東亞區域整合策略研究（臺北：中華經濟研究院，2009年）。

杜巧霞等，「從產業競合關係論中、日、韓經濟整合對我國區域參與之政策意涵」（臺北：
　　中華經濟研究院，2011年）。

杜巧霞等，韓國在全球形成FTA網絡對我進出口產業之影響及因應對策（臺北：中華經濟研究院，
　　2012年）。

孫曉郁，中日韓可能建立的自由貿易區（北京：商務印書館，2006年）。

徐遵慈，「東亞整合新路徑：區域全面經濟夥伴協定（RCEP）之發展前景與我國之因應對
　　策」，貿易政策論叢，第18期（臺北：全國工業總會貿易發展委員會，2013年）。

楊平燮，「KCFTA的主要爭點與展望」，台韓商競合、機遇與挑戰研討會（臺北，2013年5
　　月）。

韓國產業通商能源部，中韓歷次談判資訊。

韓國產業通商能源部網頁，「韓中在商品等主要領域上意見分歧較大」，2014年3月24日瀏
　　覽。

東亞區域整合與臺灣因應

東亞區域經濟整合：臺灣機會與挑戰

徐遵慈

（中華經濟研究院臺灣東協研究中心主任、副研究員）

摘要

　　近年東亞地區之區域整合如火如荼進行，不僅「東協經濟共同體」（AEC）將於2015年底成立，「區域全面經濟夥伴協定」（RCEP）也即將完成談判，使得東南亞、東北亞市場之整合將更深化、廣化，形成廣大之東亞經濟區域。由於東協與其他RCEP國家為臺灣之重要貿易與投資夥伴，本文將以東協為核心，首先分析AEC與RCEP之整合進展與內涵，其後分析東亞區域經濟整合趨勢對臺灣之影響，最後總結並提出臺灣參與區域經濟整合之建議。

　　本研究發現，東協與東亞加速經濟整合能提供臺灣製造業與服務業之出口機會，然而如臺灣未能即時加入RCEP，在RCEP國家競爭力日增之情況下，臺灣之優勢將逐漸弱化，恐影響臺灣在區域產業供應鏈之地位。本研究建議，未來臺灣除應持續爭取加入RCEP與「跨太平洋夥伴協定」（TPP），亦應適時倡議TPP與RCEP合流，進而建立亞太自由貿易區（FTAAP），不僅能極大化我國參與區域經濟整合之效益，亦符合區域經濟發展之最大利益。

關鍵詞：東亞區域經濟整合、RCEP、FTAAP、ASEAN

壹、前言

東南亞經濟自1980年代以後快速發展，在東南亞國家協會（ASEAN，以下簡稱東協）[1] 積極與鄰近東亞國家洽簽自由貿易協定（FTA）的政策下，東協區域整合持續深化與廣化。2015年底，東協將實現「東協經濟共同體」（ASEAN Economic Community, AEC）之目標，並預計完成「區域全面經濟夥伴協定」（RCEP）談判，至此由東協等16國推動的巨型（mega）FTA將成為亞洲經濟整合的核心，引起各界關注。臺灣應如何因應快速變化的東亞區域整合潮流，對臺灣經濟發展至為重要。

本文旨在討論以東協為核心之經濟整合現況，首先將分析AEC與RCEP之進展與內涵；其後，將分析東協經濟整合趨勢對臺灣之影響與臺灣之因應；最後將提出結論，並對臺灣參與亞洲經濟整合提出建議。

貳、東協經濟整合之最新發展：東協經濟共同體（AEC）　　與「區域全面性經濟夥伴協定」（RCEP）

一、東協經濟共同體（AEC）

1992年東協各國領袖於第四屆領袖會議中通過「新加坡宣言」（Singapore Declaration），簽署「共同有效優惠關稅協議」（Common Effective Preferential Tariff, CEPT），宣示自1993年1月1日起，在15年內建立東協自由貿易區（ASEAN Free Trade Area, AFTA），逐漸推動各成員

---

[1] 五個創始成員國為印尼、馬來西亞、菲律賓、新加坡及泰國，其後汶萊於1984年1月8日加入，越南於1995年7月28日加入，寮國和緬甸於1997年7月23日加入，柬埔寨於1999年4月30日加入，形成東協10國。

國間關稅降至0%～5%，原定在2008年時達成建立AFTA之目標，1993年決議將建立AFTA的時間提前至2003年。[2] 1997年亞洲金融風暴發生，促使東協進一步通過「東協願景2020」（ASEAN Vision 2020）。[3] 2007年第十二屆東協領袖會議中，各國領袖宣布將建立共同體的時程從2020年提前至2015年。[4]

依據「峇里第二協約」（Bali Concord II），各國同意建立「東協共同體」（ASEAN Community），內容涵蓋「東協政治—安全共同體」（ASEAN Political-Security Community）、「東協經濟共同體」（ASEAN Economic Community），與「東協社會—文化共同體」（ASEAN Socio-Cultural Community）三大支柱（pillars）。其中，依據「東協經濟共同體藍圖」（ASEAN Economic Community Blueprint），AEC的宗旨係在建立一個單一市場與生產基地（a single market and production base）；具高度競爭力的經濟區域、平衡的區域經濟發展，以及與全球經濟體系完全整合的區域。2009年東協通過「東協經濟共同體路徑圖」（Roadmap for an ASEAN Community 2009-2015），詳列從2009年至2015年間應達成之各項具體目標。[5]

AEC為達成第一支柱「創造單一市場與生產基地」之目標，必須具備五項核心要素：（1）商品的自由流動；（2）服務的自由流動；（3）投資的自由流動；（4）資本的更自由流動；以及（5）技術勞工的自由流動。此外，東協單一市場與生產基地也包括兩項重要工作，即推動優先整

---

[2] 詳參黃登興，「東南亞經貿整合之歷程、現況與前瞻」，徐遵慈主編，東南亞區域整合——臺灣觀點（臺北：中華經濟研究院臺灣東協研究中心，2012年），頁50。

[3] ASEAN Summit, *ASEAN Vision 2020* (Jakarta: ASEAN, 1997).

[4] ASEAN Summit, *Chairperson's Statement of the 12th ASEAN Summit H.E. the President Gloria Macapagal-Arroyo* (Jakarta: ASEAN, 2007).

[5] ASEAN, *Roadmap for an ASEAN Community 2009-2015* (Jakarta: ASEAN, 2009).

合部門（priority integration sectors），以及食品、農業與林業之發展。

在第二支柱「具有競爭力的經濟區域」方面，東協各國須尋求六項主要核心要素：（1）競爭政策：藉以培養公平競爭的文化；（2）消費者保護：建立一個以人民為中心的經濟整合區域；（3）智慧財產權：藉以刺激文化、藝術創作及其商品化，並促進先進科技之有效運用；（4）基礎建設發展：包括陸路運輸、海空運輸、資訊基礎建設、能源、礦業等方面之區域合作；（5）稅收：推動各會員國之間相互簽署避免雙重課稅協定；以及（6）電子商務：積極落實「東協電子架構協定」（e-ASEAN Framework Agreement），促進東協電子商務。

在第三支柱「平衡的區域經濟發展」方面，主要涵蓋兩項核心要素：（1）中小企業發展：藉以加速中小企業發展步調，協助取得資訊、市場、人力資源等，並強化中小企業復甦能力，提升對東協整體經濟成長之貢獻；（2）東協整合倡議：因東協各國之經濟發展程度不同，必須確認東協整合在深化與廣化同時，能處理發展落差之情形，並加快低度發展之東協國家的經濟整合。

在第四支柱「與全球經濟體系完全整合」方面，東協各國須擁有兩項主要核心要素：（1）對外經濟關係採取一致途徑：東協應在對外經濟關係方面確保「東協中心性」（ASEAN Centrality），包含但不僅限於自由貿易協定（FTA）及全面經濟合作夥伴（Comprehensive Economic Partnership, CEP）；（2）提升全球供應網絡之參與：東協應盡可能在生產與運銷方面採用國際實踐與標準，並為東協低度開發會員國發展一套全面性技術協助方案，提升其產業能力與生產力，強化其參與區域與全球經濟整合倡議。

針對AEC之整合進展與現況，東協重要智庫「東協暨東亞經濟研究院」（Economic Research Institute for ASEAN and East Asia, ERIA）已展開期中盤點工作，提出AEC迄至目前所獲得的初步整合成效，分敘如下：[6]

1. 關稅減讓：東協各成員國在先前簽署的CEPT基礎下，東協主要六國在2010年彼此關稅已降為零關稅，東協後進國家（柬埔寨、寮國、緬甸、越南，簡稱CLMV國家）於2010年達到平均關稅2.6%的目標，為東協區域內進出口貿易帶來正面效益。

2. 貿易便捷化：東協已有五個成員國針對對外貿易事務設立「國家單一窗口」（National Single Window, NSW），各成員國預計於2015年進一步設立「東協單一窗口」（ASEAN Single Window, ASW），將成為全球第一個區域級單一窗口，以全力推動東協對外貿易。

3. 投資自由化：各成員國以2009年簽署的「東協全面投資協定」（ASEAN Comprehensive Investment Agreement, ACIA）為基礎，推動各國之間大多數製造業項目之投資自由化，並設定外資持股至少不低於70%的最低門檻，希冀能為東協區域內投資活動帶來鼓舞作用。

4. 其他成效：東協針對進一步深化AEC發展也獲得若干成效，例如推動「空運部門整合路徑圖」（Roadmap for Integration of Air Travel Sector, RIATS）、簽署五個「東協加一」FTA、簽署「清邁倡議」（Chiang Mai Initiative），以及其他在農業、競爭政策、智慧財產權等部門區域合作。

　　值得注意的是，2014年11月召開的第二十五屆東協高峰會中，東協各國領袖於會後聯合宣言中，提及AEC藍圖已完成82.1%，2015年將加速落實完成AEC之建構，儘管各界質疑不斷，AEC仍穩步往前發展。[7]

---

[6] ERIA, *Mid-Term Review of the Implementation of AEC Blueprint: Executive Summary* (Jakarta Pusat: ERIA, 2012), pp. 11-16.

[7] Nay Pyi Taw, Chairman's Statement of the 25th ASEAN Summit: "Moving Forward in Unity to a Peaceful and Prosperous Community," *ASEAN*, 12 November 2014，http://www.asean.org/images/pdf/2014_upload/Chairman%20Statement%20of%20the%2025th%20ASEAN%20Summit.pdf.

此外，東協各國領袖曾於2013年11月之第二十三屆東協高峰會決議研擬東協「後2015願景」（Post-2015 Vision），以實現政治一致、經濟整合、社會負責、和以人民為本、以規範為基礎之東協。因此，2014年之第二十五屆高峰會亦通過「關於東協共同體2015年後願景之內比都宣言」（Nay Pyi Taw Declaration on the ASEAN Community's Post 2015 Vision），宣示將以「後2015願景」為區域整合之基礎，持續推動東南亞區域之和平穩定及繁榮發展。[8]

二、「區域全面經濟夥伴協定」（RCEP）

2011年11月，東協在召開第十九屆東協領袖會議期間，通過「區域全面性經濟夥伴關係協定架構」（ASEAN Framework for Regional Comprehensive Economic Partnership）文件，決定推動「區域全面經濟夥伴協定」（RCEP）的貿易談判，該文件成為東協主導推動區域經濟整合之總體戰略文件。RCEP將建立一個占全球年生產總值三分之一，總值逾22.7兆美元（2014），擁有超過33億人口的自由貿易區，將成為當前全球最重要巨型（mega）FTA之一，也是全球涵蓋人口總數最大的FTA。

在2012年第二十一屆東協領袖會議中，東協領袖宣布於2013年展開RCEP談判，成員涵蓋東協10國（新加坡、泰國、印尼、馬來西亞、越南、菲律賓、汶萊、緬甸、寮國、柬埔寨）與其6個已簽署FTA的夥伴國家，包括中國大陸、日本、韓國、紐西蘭、澳洲及印度。自2000年初期起，東協分別與中國大陸、日本、韓國、紐西蘭、澳洲、印度簽署五個「東協加一」FTA，包括東協—中國大陸FTA、東協—日本FTA、東協—韓國FTA、東協—紐西蘭—澳洲FTA及東協—印度FTA，未來RCEP即以

---

[8] Nay Pyi Taw, "Nay Pyi Taw Declaration on the ASEAN Community's Post 2015 Vision," *ASEAN*, 12 November 2014, http://www.eria.org/Nay%20Pyi%20Taw%20Declaration%20on%20 the%20 ASEAN%20Communitys%20Post%202015%20Vision%20w.annex.pdf.

五個「東協加一」FTA為基礎，整合及深化16國既有自由化承諾，進而建立一個「以東協為核心」（ASEAN centered）的高標準自由貿易區（Free Trade Area）。[9]

截至2015年8月，RCEP共計已進行九回合談判，主要談判內容集中於貨品貿易談判，聚焦於關稅減讓模式、零關稅排除適用之可容許程度等議題。由於各國意見分歧，如日本、紐西蘭、澳洲等國支持較高比率之市場開放程度，中國大陸、印度則傾向偏低之自由化比率，希望爭取有限度之彈性，以致目前談判結果已大幅調降各國原本期許之「高標準」自由化目標。在服務貿易方面，RCEP各國在前幾回合談判中已就服務貿易之基本要素、協議文本、涵蓋範圍、市場進入方式與門檻、市場開放期程及與投資關聯性等事項取得原則性之共識，至於服務貿易究竟應採取正面表列或負面表列，則最新談判結論傾向採取正面表列，但將加入最惠國待遇（MFN）、不倒退（Ratchet）與凍結（Standstill）條款，另各國已同意提出初始回應（an agreement to table initial offer），詳細內容尚待討論。在投資議題方面，各國研議採用負面表列方式，並已同意納入投資人與地主國爭端解決機制（investor-state dispute settlement, ISDS）。[10]

觀察RCEP談判成果，可發現各國在貨品貿易談判方面所獲得的結論較為顯著，目前已在貨品貿易工作小組下設原產地等議題次級小組；亦就貨品貿易談判之關稅減讓模式達成共識，預計將在「共同減讓」原則下訂定「單一減讓表」，並針對部分國家給予有限度之彈性。目前，貨品貿易談判面臨的主要爭議在於降稅範圍與時程的規劃；在服務貿易與投資議題談判方面，目前進展則相對較少。在前幾回合談判中，也針對競爭政策、

[9] 本文所指「高標準」即為RCEP可能採取的「以90~95%關稅減讓涵蓋率為自由化目標」，而TPP所謂之「高標準」則是指「以100%關稅減讓涵蓋率為自由化目標」，兩者有所差異。

[10] 參見經濟部國際貿易局彙整談判進展資料，http://www.trade.gov.tw/Pages/List.aspx?nodeID=1320。

智慧財產權、經濟與技術合作等議題進行討論，亦針對是否將政府採購、中小企業、勞工、環境及電子商務等議題納入談判範圍進行討論，最終達成部分共識，如確定將推動中小企業合作與電子商務等。

　　總體而言，RCEP前九回合談判雖在貨品貿易方面獲得初步成果，但距離其原本研議推動90~95%關稅減讓涵蓋率的自由化目標，已相去甚遠，至於在服務貿易、投資議題之進展則更加緩慢，凡此均顯示RCEP談判重點仍在貨品貿易與關稅，而對於服務業與投資自由化之興趣相對較低。儘管如此，雖然東協各國一直以來均對於在2015年底如期完成RCEP談判表達樂觀態度，但在2015年8月召開的第三屆「RCEP部長會議」會後發布之聯合媒體聲明中，RCEP各國部長首次宣佈，將在2015年底前完成實質議題之談判，部分技術性細節則將留待2016年繼續完成。[11]

　　依「東協區域全面經濟夥伴關係架構文件」，RCEP達成協議之方式，因各成員國間經濟發展程度差異較大，故將可透過連續（Sequential Manner）、單一認諾（Single Undertaking）或其他成員國同意之方式來達成。考量RCEP談判參與國之間的經濟發展程度差異甚大，且參酌「東協加一」FTA模式，RCEP將先完成協定的部分內容，如先簽署一架構協定（Framework Agreement），至於未達成共識之議題則以「內建式議題」（built-in agenda），完成後續談判。

　　值得注意的是，RCEP之進展實受到與「跨太平洋夥伴協定」（TPP）競合之影響，目前東協國家中已有汶萊、新加坡、越南及馬來西亞4國參與TPP談判，菲律賓則在2014年4月美國總統歐巴馬來訪時，再次表達參與TPP之意願。[12] 雖然就同時參與RCEP談判與TPP談判的東協4國

---

[11] 參見Joint Media Statement, *The Third Regional Comprehensive Economic Partnership (RCEP) Ministerial Meeting* (Kuala Lumpur, Malaysia: 24 August 2015), http://www.asean.org/images/2015/August/47th-aem/10%20-%20JMS%20RCEP%203%20MM%20-%20Final%2020150824rev.pdf.

[12] 林行健，「菲向美表達參與TPP意願」，中央通訊社，2014年4月29日，http://www.cna.com.tw/news/afe/201404290399-1.aspx。

而言，其對於RCEP與TPP之相互關係大多抱持樂觀態度，認為兩者之間並非相互競爭的敵對狀態，反而是相互合作、彼此互補的共生關係，但對於其他尚未參加TPP談判的國家而言，未來是否會宣示加入TPP後續之談判，尚須進一步觀察。惟從RCEP與TPP競合的層面觀察，RCEP力爭在2015年底前完成大多數實質議題之談判，顯示其與TPP在談判進度上的較量，以彰顯東協國家希望主導東亞區域整合的企圖心。

此外，目前東協FTA夥伴國之間除參與RCEP談判外，部分國家也進行雙邊或三邊FTA談判，其中，中國大陸、日本、韓國刻正進行中日韓FTA談判，已於2015年8月完成第八回合談判，前此三國之「中日韓投資協定」已於2014年5月17日生效。[13] 另外，中國大陸與韓國於2014年11月APEC領袖會議期間宣布完成中韓FTA談判，並在2015年6月1日正式簽署，希望爭取在2015年底前生效實施。[14]

參、東亞區域整合對臺灣之影響與因應對策

東南亞地區擁有充沛勞力、低廉土地與豐富資源，東南亞國家歷經全球化與區域整合之洗禮，以東協為主體之東亞區域整合如火如荼展開，使得東協不僅成為世界工廠，更是備受矚目的新興市場。

我國與東亞國家發展經貿關係的淵源深厚，其中對東協國家自1994年政府頒布「加強對東南亞地區經貿工作綱領」，正式推動南向政策以來，迄今已歷經八期工作。南向政策可謂為我國對東南亞國家之政策主軸，考量層面除了強化我國與東南亞國家之經貿聯繫，另亦有分散企業對外投資

---

[13] 「陸商務部：中日韓FTA談判擬9月再啟」，中央通訊社，2015年8月14日，http://www.cna.com.tw/news/acn/201508140391-1.aspx。

[14] 黃巧雯，「中韓FTA經部：中長期影響大」，中央通訊社，2015年6月1日，http://www.cnabc.com/news/topnews/201506010023.aspx。

過度集中於中國大陸之政策目的。二十餘年來，國內眾多企業赴東南亞投資設廠，與東南亞貿易與投資關係密切，東亞經濟整合對我經貿發展影響甚大，實有必要重新全盤檢視我國對東亞整合之政策與自我定位。

　　根據我國海關統計，2014年RCEP成員國占我國出口比重高達71.52%，占進口比重亦達55.12%，顯示我國與RCEP成員國之貿易關係緊密。其中，中國大陸（含港、澳）、東協、與日本更為我國前三大出口市場，占我國總出口比重分別為39.78%、18.98%、以及6.34%，若再加上出口排名第六之韓國（4.04%），則使東協加三區域占我國出口比重將近70%。若比較我國與RCEP成員以及與TPP成員之貿易情形，發現我國對TPP現有12個會員國之出口比重僅占32.82%，遠不及我國對RCEP成員國之貿易情況，差異超過一倍（參表1與表2）。

表1　2014年我國對RCEP成員國進出口貿易金額與占比

	出口金額（百萬美元）	占我國總出口額比重	排名	進口金額（百萬美元）	占我國總進口額比重	排名
東協	59,530	18.98%	—	34,115	12.45%	—
中國大陸（含港、澳）	124,796	39.78%	1	49,734	18.15%	1
日本	19,904	6.34%	5	41,693	15.21%	2
韓國	12,685	4.04%	6	14,790	5.40%	4
紐西蘭	459	0.15%	40	913	0.33%	35
澳洲	3,558	1.13%	15	7,325	2.67%	10
印度	3,426	1.09%	16	2,485	0.91%	23
總計	224,358	71.52%	—	151,055	55.12%	—

資料來源：數據引自財政部關務署，本研究整理。

表2　2014年我國對TPP成員國進出口貿易金額與占比

	出口金額（百萬美元）	占我國總出口額比重	排名	進口金額（百萬美元）	占我國總進口額比重	排名
新加坡	20,536	6.55%	4	8,377	3.06%	8
汶萊	26	0.01%	106	462	0.17%	47
智利	325	0.10%	46	1,684	0.62%	29
祕魯	282	0.09%	50	303	0.11%	51
紐西蘭	459	0.15%	40	913	0.33%	35
美國	34,866	11.11%	3	27,422	10.01%	3
馬來西亞	8,612	2.75%	9	8,785	3.21%	7
越南	9,980	3.18%	7	2,561	0.94%	21
澳洲	3,558	1.13%	15	7,325	2.67%	10
墨西哥	1,984	0.63%	19	619	0.23%	39
加拿大	2,440	0.78%	17	1,521	0.56%	30
日本	19,904	6.34%	5	41,693	15.21%	2
總計	102,972	32.82%	—	101,665	37.12%	—

資料來源：數據引自財政部關務署，本研究整理。

　　如以我對外投資觀察，則中國大陸與東協國家一向為我對外投資重鎮，占我對外投資比重超過八成，更遠超過TPP國家之總計。

　　過去以來，我國因不易與東協及其他國家洽簽FTA，更無法參加「東協加一」FTA，以致迄今對東協國家出口仍適用WTO下之最惠國待遇（MFN）關稅，然我競爭對手如韓、日、中國大陸等，則多半已適用FTA下之零關稅或優惠關稅，導致我國出口產品面對嚴重的關稅差別待遇。例如，我國出口工具機需繳付10%~15%關稅，出口塑化原料需繳付約5%關稅，而競爭對手韓國、泰國、馬來西亞等則可享受「東協加一」FTA下之零關稅優惠，此一關稅差距對我產品出口已造成極大之影響。

　　如果進一步從產業結構分析，過去由於眾多臺商在東協投資生產，與

國內形成產業上下游分工的貿易型態，因此我與東協貿易中之主要出口、進口產品項目重疊性甚高。在出口方面，我對東協出口貿易結構十分集中，其中機器及機械用具、電機設備及其零件等出口金額即占我對東協出口比重約四成，其餘如礦產品、金屬及其製品、紡織及紡織製品、化學與相關工業產品等，亦為集中度較高的出口項目。在進口方面，機器及機械用具、電機設備及其零件，以及礦產品兩大類合計亦占我自東協進口近約七成的比重。

在出口產品高度集中的情形下，東協與中國等在「東協加一」FTA下調降關稅，對於我國對東協出口產生明顯影響；再加上臺商陸續移往中國大陸投資設廠，東協與中國大陸間的產業內分工、貿易整合模式已臻成形，甚至已凌駕東協與臺灣的產業整合關係，對臺灣產生排擠作用。

尤其須注意者，過去的「東協加一」FTA涵蓋範圍較為有限，自由化之程度亦較低，然而RCEP屬一巨型（mega）且屬涵蓋範圍廣泛之FTA，尤其納入彼此尚未簽署FTA的中國大陸與日本、中國大陸與印度，未來均將在RCEP架構下彼此開放市場，其加深整合對我國可能造成的影響恐將更甚過去個別的「東協加一」FTA。

此外，過去以來，臺商在中國大陸、東協國家設立生產或行銷據點，而將營運總部及財務、研發中心留在臺灣的作法，已在兩岸及東協國家建立密集的產業供應鏈與生產網絡關係，未來臺灣如仍未能參與區域整合，加入RCEP，在大陸、東協投資臺商或當地廠商恐將轉自其他RCEP國家採購，致使臺灣與區域合作關係弱化，而使臺灣陷入「斷鏈」的邊陲化困境。同時，過去決定「根留臺灣」的中小企業，亦將因競爭壓力而被迫將在臺灣的生產基地轉移至東協國家，將導致臺灣面臨另一波「產業出走」的壓力。

在服務業方面，RCEP的談判雖包含服務業，惟「東協加一」FTA中的服務業自由化內容保守，因此預期未來RCEP服務業自由化的程度將遠

低於貨品貿易自由化的程度。我國有能力拓銷海外服務業市場者多以大型
服務業者為主，這些業者多已陸續展開布局，因此RCEP服務業自由化的
衝擊主要將在中小企業。不過，近年來東協國家對於外資企業投資服務業
漸趨保守，如早已凍結或減少核發外資銀行執照，導致國內銀行雖想前往
東南亞投資，卻不得其門而入，臺灣如能加入RCEP，應有助改善此種待
遇。

　　然而，我國如能順利加入RCEP，同樣亦將面臨極大壓力。依據2013
年臺灣海關稅則，如依HS6位碼計算，我國農業產品平均稅率為12.25%；
工業產品平均稅率為4.07%，其中產品稅率為零關稅者占產品項目總數
比率為30.48%；稅率介於零關稅至5%之間的產品占產品項目總數比率為
42.19%，其餘尚有稅率介於5%至10%之間的產品與稅率介於10%至15%之
間的產品。[15] 較諸RCEP將逐漸降稅至零關稅的目標，我國目前實施零關
稅之產品所占比率並不高，現行農產品與工業產品零關稅項目合計約占所
有產品總數比率之29.44%，亦即尚有70.56%的產品非零關稅，因此未來
我國如加入RCEP，須逐步調降關稅至零的項目不在少數。（參見表3、
4）

---

[15] 此處稅率係指平均MFN執行稅率。

表3　臺灣農業產品關稅結構

稅率區間	MFN執行稅率（AVE）		
	項數	比例	累進比例
0%	153	22.84%	15.70%
0% ＜X ≦ 5%	99	14.78%	37.62%
5%＜ X ≦10%	81	12.09%	49.71%
10%＜ X ≦15%	76	11.34%	61.05%
15%＜ X ≦20%	126	18.81%	79.86%
20%＜ X ≦25%	55	8.21%	88.07%
25%＜ X ≦30%	32	4.78%	92.85%
30%＜ X ≦35%	7	1.04%	93.89%
35%＜ X ≦40%	5	0.75%	94.64%
40%＜ X ≦45%	2	0.3%	94.94%
45%＜ X ≦50%	0	0.00%	94.94%
50%＜ X	6	0.89%	95.83%
非從價稅項	28	4.17%	100.00%
總計	670	100.00%	100.00%
平均稅率	12.25%		

註：此處農業產品係海關進口稅則01章至24章，並以HS 6位碼計算項數。

資料來源：WTO IDB資料庫我國稅則2013年版及本研究整理。

表4　臺灣工業產品關稅結構

稅率區間	MFN執行稅率（AVE）		
	項數	比例	累進比例
0%	1,299	30.48%	30.48%
0% ＜X ≦ 5%	1,798	42.19%	72.67%
5%＜ X ≦10%	857	20.11%	92.78%
10%＜ X ≦15%	287	6.73%	99.51%
15%＜ X ≦20%	14	0.33%	99.84%
20%＜ X ≦25%	7	0.16%	100.00%
總計	4,262	100.00%	100.00%
平均稅率	3.49%		

註：此處工業產品係海關進口稅則25章至97章，並以HS 6位碼計算項數。

資料來源：WTO IDB資料庫我國稅則2013年版及本研究整理。

更重要者，目前中國大陸已參與RCEP談判，未來我如加入RCEP，可能將涉及需對大陸產品、服務、投資待遇等一體適用的問題，而觸及「兩岸貿易正常化」的敏感政策。

如以兩岸貿易觀察，分析2001年至2013年貿易統計，在RCEP國家中，日本和中國大陸為臺灣最重要的進口來源國，至2014年時，中國大陸超越日本，成為臺灣第一大進口來源國，占臺灣進口比重為17.52%，日本位居第二，占進口比重降至15.21%。資料觀察期間，臺灣自中國大陸進口金額和比重皆快速成長，增幅達12.02個百分點，而自日本進口比重則在2010年之後明顯下降，下滑5.46個百分點，兩國所占進口比重差距越來越小，至2014年時中國大陸首度超越日本，成為臺灣最大的進口來源國（參見表5）。

表5　臺灣自RCEP國家進口貿易趨勢

單位：百萬美元，比重%

年	臺灣總進口 金額	臺灣自東協6國 金額	%	臺灣自日本 金額	%	臺灣自韓國 金額	%	臺灣自紐西蘭 金額	%	臺灣自澳洲 金額	%	臺灣自印度 金額	%	臺灣自中國大陸 金額	%
2001	107,228	15,954	14.88%	25,848	24.11%	6,705	6.25%	345	0.32%	3,083	2.87%	493	0.46%	5,902	5.50%
2002	112,522	16,554	14.71%	27,277	24.24%	7,711	6.85%	340	0.30%	2,830	2.51%	551	0.49%	7,947	7.06%
2003	125,836	17,342	13.78%	32,513	25.84%	8,673	6.89%	381	0.30%	2,716	2.16%	622	0.49%	10,918	8.68%
2004	166,400	20,165	12.12%	43,496	26.14%	11,610	6.98%	458	0.28%	3,415	2.05%	858	0.52%	16,625	9.99%
2005	181,592	21,013	11.57%	45,940	25.30%	13,203	7.27%	507	0.28%	4,715	2.60%	857	0.47%	19,928	10.97%
2006	202,686	23,303	11.50%	46,284	22.84%	14,999	7.40%	502	0.25%	5,343	2.64%	1,245	0.61%	24,782	12.23%
2007	219,667	23,750	10.81%	46,017	20.95%	15,184	6.91%	566	0.26%	6,130	2.79%	2,543	1.16%	28,058	12.77%
2008	240,678	25,620	10.65%	46,622	19.37%	13,189	5.48%	571	0.24%	8,301	3.45%	2,329	0.97%	31,451	13.07%
2009	174,943	19,953	11.41%	36,313	20.76%	10,530	6.02%	461	0.26%	5,976	3.42%	1,625	0.93%	24,491	14.00%
2010	251,315	28,821	11.47%	51,940	20.67%	16,050	6.39%	611	0.24%	8,926	3.55%	2,841	1.13%	35,916	14.29%
2011	281,316	32,633	11.60%	52,168	18.54%	17,841	6.34%	729	0.26%	10,894	3.87%	3,136	1.11%	43,551	15.48%
2012	270,863	31,426	11.60%	47,650	17.59%	15,098	5.57%	693	0.26%	9,293	3.43%	2,626	0.97%	40,960	15.12%
2013	269,256	32,320	12.00%	43,069	16.00%	15,733	5.84%	745	0.28%	7,860	2.92%	2,743	1.02%	42,487	15.78%
2014	273,757	33,455	12.22%	41,627	15.21%	14,764	5.39%	912	0.33%	7,318	2.67%	2,480	0.91%	47,957	17.52%

註：東協6國包括新加坡、馬來西亞、泰國、印尼、越南、菲律賓。

資料來源：聯合國國際貿易中心（International Trade Center, ITC）資料庫及本研究整理。

　　根據中華經濟研究院利用臺灣與RCEP成員國間的貿易與關稅資料，研析臺灣與RCEP成員國在不同市場中各產業的競爭力變化，以推論臺灣加入RCEP的潛在獲利產業與可能市場之研究，臺灣可能具拓展RCEP國家/區域之市場的潛力產業，主要包括電子電機設備及其零件、鋼鐵，部分國家尚包括有機化學產品、紡織產品等。此類產品為臺灣具出口優勢產業，且在當前區域經濟整合逐漸成形下，臺灣在該市場市占率仍能持續提升者，顯示未來臺灣如能加入RCEP而享有關稅優惠，應有更大的機會拓展RCEP市場。但須注意者，臺灣部分具出口優勢產業在RCEP主要成員國市場中似有被他國替代之現象，導致臺灣市占率逐漸下降，惟如臺灣如能盡早加入RCEP，維持在該市場中的地位，或許仍具獲利潛力。惟就研究資訊顯示，臺灣在市占率上升的國家中，即使是具出口優勢的產業類別，亦日漸面對中國大陸、日本、韓國、以及部分東協國家如新加坡、馬來西亞，甚至泰國等競爭壓力，顯示臺灣參與東亞區域經濟整合步伐落後，以及東亞與東協國家在特定產業鏈之地位逐漸穩固，已使臺灣部分產業漸失東協區域市場之競爭優勢，未來臺灣如能加入RCEP，拓展市場亦須面對相當程度之挑戰。

　　此外，鑑於RCEP國家占我對外投資活動之比重相當高，RCEP投資談判將涵蓋投資促進、投資保障、投資便捷化及投資自由化四大領域，可預見RCEP完成將提升東協投資自由化，改善投資環境，從而促進區域內投資之發展，增加臺商在RCEP國家投資自由化、保障及便捷化之程度，亦可能吸引更多廠商前往投資。尤其重要的是，臺灣近年來為因應區域分工及中國大陸工資上漲，將生產基地轉移至東協國家，或選擇在中國大陸設廠，並於東協國家中擇一至二國設廠之情形日益普遍，因此RCEP談判如能改善東協國家投資環境，除可能促使臺商對東協投資增加外，亦可能產生投資區位之調整，例如將投資自較先進之東協國家移往工資相對低廉的東協新四國（CLMV）等。此外，過去臺商在中國大陸及東協投資設

立生產基地，自臺灣進口中間財作為產品中間投入，未來因應RCEP之形成，臺商在大陸及東協國家間之投資亦可能產生變化，如臺灣無法加入RCEP，此種三角運作模式可能面臨轉型之壓力。

另一方面，隨著東協各國消費力增加，市場整合程度加深，臺灣投資已漸從製造業擴及至當地內需服務業市場，東協各國如在RCEP談判中進一步開放服務業市場，可望促使臺商更積極投入東協批發零售業、金融服務業、工程營建業等。[16] 然若臺灣無法加入RCEP，除將面對另一波臺商赴東協投資潮外，更將因我被排除於東亞FTA網絡之外，而更降低跨國企業至臺灣投資的意願。

肆、結論與建議：臺灣的機會與挑戰

東協係臺灣重要之貿易與投資夥伴，臺灣與若干東協國家長期以來已建立緊密經貿關係，包括越南、泰國、馬來西亞、菲律賓、印尼等，皆為臺商在東南亞地區的主要海外市場與投資目的地。臺灣過去因政治因素不易與其他非邦交國簽署FTA或參與區域經濟整合倡議，目前除與新加坡、紐西蘭已簽署ECA外，仍未與其他RCEP國家簽署ECA。臺灣如被排除在東亞區域經濟整合之外，將對臺灣製造業及服務業等部門之產業發展帶來重大影響，尤其恐將影響臺灣在東南亞區域產業供應鏈之地位與角色。

東協將於2015年底形成經濟共同體，並預計完成RCEP實質談判，由於臺灣與東協及其他RCEP國家在貨品貿易、服務貿易及投資之雙邊關係密切，雖然臺灣對東協國家如新加坡、泰國、菲律賓及越南等國長期以來

---

[16] 徐遵慈，「東協服務業發展概況及我國在東協國家服務業投資現狀與前景」，中華經濟研究院WTO及RTA中心新聞中心專欄，2014年7月24日，http://web.wtocenter.org.tw/Page.aspx?nid=126&pid=252456。

享有貿易順差，但在這些國家之市場占有率卻面臨成長趨緩或逐漸下降之瓶頸；在東協FTA夥伴國方面，臺灣對日本、韓國近十年間持續呈現貿易逆差，對中國大陸出口貿易之成長速度亦逐漸減緩，自中國大陸進口則呈快速成長。此外，RCEP國家以開發中國家居多，近年經濟穩定發展，服務業市場快速成長，然而臺灣拓展區域內服務業市場主要集中於中國大陸，進入其餘國家之服務業市場則面對諸多投資限制（如金融服務業），或尚在起步（如批發零售、醫療服務）。

　　整體而言，東協與東亞加速經濟整合，形成一龐大市場，對臺灣提供出口機會，在RCEP各成員國市場中具競爭優勢且可較明顯獲利之產業類別，包括鋼鐵產業、電機設備、塑化相關產業、汽機車及零組件等，此類產業亦已有日漸仰賴RCEP會員國市場之傾向。然如臺灣未來無法加入RCEP，以及RCEP國家產業競爭力日增，臺灣之優勢恐將日漸弱化。此外，產業界為避免被排除於AEC與RCEP之外，近年積極前往東協投資布局，形成新一波對外投資熱潮，外資企業至臺灣投資則持續裹足不前，對臺灣整體經濟發展並非正面。

　　根據「RCEP談判指導原則與目標」，RCEP將在東協10國與其FTA夥伴國完成RCEP談判後，在各國同意的條件下，開放給其他未參與談判的FTA夥伴國，以及「其他外部經濟夥伴」（external economic partners）參加。[17] 此即一般所稱之「開放性條款」（open accession clause）。依據此一談判規劃，RCEP與TPP相同，均具有會員繼續擴張的特性，並不以現

---

[17] 原文為"Any ASEAN FTA Partner that did not participate in the RCEP negotiations at the outset would be allowed to join the negotiations, subject to terms and conditions that would be agreed with all other participating countries. The RCEP agreement will also have an open accession clause to enable the participation of any ASEAN FTA partner that did not participate in the RCEP negotiations and any other external economic partners after the completion of the RCEP negotiations."

有成員為已足，未來將涵蓋更多成員參與其經濟整合。[18]

　　臺灣加入RCEP將擴大兩岸間貿易、投資交流，涉及兩岸政策之重要調整，相關主管機關宜對兩岸關係所涉各層面議題儘快研擬與配套，並評估各種可能結果之影響，包括兩岸是否在RCEP架構下步入經貿正常化之階段，應及早研擬因應對策及爭取國內共識。由於兩岸已就共同參與區域整合研擬展開共同研究，雙方是否應針對兩岸參與區域整合之共同目標、推動路徑、合作原則等要素加以分析，亦須一併納入考慮。

　　值得注意的是，中國大陸在2014年主辦APEC期間，設定會議主題為「共建面向未來的亞太夥伴關係」，並積極主導建構亞太自由貿易區（FTAAP）藍圖之可行性。[19] APEC同意在貿易投資委員會（Committee on Trade and Investment, CTI）下建立「加強區域經濟整合與推進FTAAP之主席之友工作小組」（Friends of the Chair Group on Strengthening REI and Advancing FTAAP），負責制訂完成FTAAP之路線圖，加強FTAAP分析研究，以實現FTAAP之願景。[20] 中國大陸積極推動FTAAP作為亞太區域經濟整合目標，將使得RCEP與TPP皆成為達成FTAAP之過渡性階段。該倡議如確實推行，將對TPP與RCEP的未來發展投下變數，其未來發展值得關注。

　　目前已有七個國家同時參與RCEP與TPP談判，未來可能同時參與兩項協定談判的國家將持續增加，顯示RCEP與TPP係推動亞太區域整合

---

[18] 如比較RCEP與TPP之「開放性條款」內容，可發現二者皆不以主權國家為限，而可包括「經濟體」；但就新成員範圍而言，TPP可開放給所有APEC成員體與其他國家，RCEP則開放給其他東協之FTA夥伴國與「其他外部經濟夥伴」（external economic partners）參加。

[19] 許峻賓，「APEC貿易部長會議觀察」，亞太和平月刊，第6卷，第6期（2014年6月20日），http://www.faps.org.tw/Pages/FocusManage/FocusDetail.aspx?id=423&ArticleTag=1。

[20] Asia-Pacific Economic Cooperation, "Qingdao Statement," (May 17-18, 2014), http://www.apec.org/Meeting-Papers/Ministerial-Statements/Trade/2014_trade.aspx.

「殊途同歸」的兩條途徑。不過，在中國大陸提出推動FTAAP構想的同時期間，大陸亦提出「絲綢之路經濟帶」與「二十一世紀海上絲綢之路」（二者合稱「一帶一路」），做為其布局亞洲經濟發展的重大戰略。如果TPP與RCEP的後續談判進展不如預期，未來在大陸強勢主導及集結各類資源的推動下，可能促使FTAPP的地位水漲船高，值得觀察。

　　對於我國而言，由於我國為APEC成員，如FTAAP可能成為TPP與RCEP之最終目標，我國除應持續爭取加入TPP與RCEP外，亦應適時規畫爭取與我理念相符之其他APEC會員，推動RCEP與TPP合流，進而建立FTAAP，使我參與區域經濟整合的效益能夠極大化，亦符合區域經濟發展的最大利益。

參考書目

中文部分

日本首相官邸網站，「日本経済再生に向けた緊急経済対策」について，http://www5.cao.go.jp/keizai1/keizaitaisaku/2013/0111_01siryo.pdf。

史惠慈、顧瑩華、劉大年等，東協對外洽簽FTA之策略及對我國在東協市場之影響（臺北：中華經濟研究院，2010）。

吳中書，2009～2015年東協共同體路徑圖（臺北：中華經濟研究院臺灣東協研究中心，2011）。

吳中書，東協憲章中譯本（臺北：中華經濟研究院臺灣東協研究中心，2011）。

宋鎮照，東協國家之政經發展（臺北：五南出版社，1996）。

李明峻，東南亞大事紀（1900～2004）（臺北：中央研究院人文社會科學研究中心，2006）。

邱秀錦、張家穎，「我國對東協之經貿發展」，臺灣經濟金融月刊，第49卷，第4期（臺北：臺灣銀行經濟研究處，2013），頁17~30。

邱奕宏，「東協『區域全面經濟夥伴關係』對我國之挑戰」，APEC通訊，第157期（臺北：中華台北亞太經濟合作（APEC）研究中心，2012）。

邱奕宏，「從東協自貿區到東協經濟共同體的東協經濟整合之評析」，貿易政策論叢，第18期（臺北：全國工業總會貿易發展委員會，2012），頁89~127。

徐遵慈，「我國與東協經貿關係之現狀盤點與再出發」，紡織月刊，第201期（臺北：財團法人中華民國紡織業拓展會，2013），頁49~55。

徐遵慈，「東協推動『區域全面經濟夥伴協定』之研析與我國之因應」，戰略安全研析，第90期（臺北：國立政治大學國際關係研究中心，2012），頁5~12。

徐遵慈、姜博瑄、吳泰毅等，印度與東協、韓、日、中洽簽FTA對我之影響與我因應策略之研究（臺北：中華經濟研究院，2010）。

徐遵慈主編，東南亞區域整合──臺灣觀點（臺北：中華經濟研究院臺灣東南亞國家協會研究中心，2012）。

陳逸潔等，「東亞國家自由貿易協定優惠關稅利用率之比較」，WTO中心電子報，第279期

（2011年9月16日），http://www.wtocenter.org.tw/SmartKMS/www/ Epaper/wtoepaper/ article279.htm。

陳翰堂，「從東協加六到RCEP：一個更深化的亞洲整合？」，亞太經濟合作評論，第20期（臺北：中華台北APEC研究中心，2012），頁92~104。

黃登興「東南亞經貿整合之歷程、現況與前瞻」，徐遵慈主編東南亞區域整合──臺灣觀點（臺北：中華經濟研究院臺灣東協研究中心、2012年）、頁45~51。

經濟部駐印度代表處經濟組，「印度將參與『區域全面經濟夥伴關係』（RCEP）入會談判」，經貿透視網，2012年11月19日，http://www.trademag.org.tw/ News.asp?id=597375。

顧長永，東南亞各國政府與政治：持續與變遷（臺北：臺北商務印書館，2013）。

顧長永，東南亞政治學（臺北：巨流圖書有限公司，2005）。

英文部分

Asian Development Bank, *Asian Development Outlook 2013*, August 2012, http://www.adb.org/ projects/documents/asian-development-outlook-2013-tar.

ASEAN Secretariat, *ASEAN Economic Cooperation: Transition and Transformation* (Jakarta: ASEAN, 1997).

ASEAN Secretariat, *ASEAN Framework for Regional Comprehensive Economic Partnership*, 2011, http://www.asean.org/asean/asean-summit/item/asean- framework-for-regional-comprehensive-economic-partnership.

ASEAN Secretariat, *ASEAN Economic Community Scoreboard* (Jakarta: ASEAN, 2012).

ASEAN Secretariat, *Guiding Principles and Objectives for Negotiating the Regional Comprehensive Economic Partnership*, 2012, http://www.asean.org/images/2012/documents/Guiding%20 Principles%20and%20Objectives%20for%20 Negotiating%20the%20Regional%20 Comprehensive%20Economic%20 Partnership.pdf.

ASEAN Summit, *Singapore Declaration* (Jakarta: ASEAN, 1992).

ASEAN Summit, *Hanoi Plan of Action* (Jakarta: ASEAN, 1998).

ASEAN Summit, *Bali Concord II* (Jakarta: ASEAN, 2003).

ASEAN Summit, "Chairperson's Statement of the 12th ASEAN Summit H.E. the President Gloria Macapagal-Arroyo," *ASEAN* (Jakarta: ASEAN, 2007).

ASEAN Summit, *Charter of the ASEAN* (Jakarta: ASEAN, 2007).

ASEAN Summit, *Declaration on the ASEAN Economic Community Blueprint* (Jakarta: ASEAN, 2007).

ASEAN Summit, *Declaration on the Roadmap for the ASEAN Community (2009-2015)* (Jakarta: ASEAN, 2009).

ASEAN, "Joint Ministerial Statement of the ASEAN Economic Ministers and the European Union Trade Commissioner on the Launch of Negotiations for the ASEAN-EU Free Trade Agreement," *ASEAN* (Jakarta: ASEAN, 2007).

ASEAN, *ASEAN Comprehensive Investment Agreement* (Jakarta: ASEAN, 2009) .

ASEAN. 2009. Roadmap for an ASEAN Community 2009-2015. ASEAN.

ASEAN+3 Summit, *Chairman's Statement of the 8th ASEAN + 3 Summit* (Jakarta: ASEAN, 2004).

ASEAN+3 Summit, *Chairman's Statement of the 12th ASEAN Plus Three Summit* (Jakarta: ASEAN, 2008).

ASEAN+3 Summit, *Chairman's Statement of the 12th ASEAN Plus Three Summit* (Jakarta: ASEAN, 2009).

ASEAN+3 Summit, *Chairman's Statement of the 13th ASEAN Plus Three Summit* (Jakarta: ASEAN, 2010).

ASEAN+3 Summit, *Chairman's Statement of the 14th ASEAN Plus Three Summit* (Jakarta: ASEAN, 2011).

Xuan Loc DOAN, "Opportunities and Challenges in EU-ASEAN Trade Relations," *eu-asia centre*, 2 July 2012, http://www.eu-asiacentre.eu/pub_details.php?pub_id=60.

Yoshifumi FUKUNAGA & Ikumo ISONO, "Taking ASEAN+1 FTAs towards the RCEP: A Mapping Study," *ERIA Discussion Paper Series* (Jakarta: Economic Research Institution for ASEAN and East Asia, Januaary 2013).

東亞區域經濟整合：困境與路徑

莊芮

（對外經濟貿易大學國際經濟研究院教授兼副院長）

王悅媛

（對外經濟貿易大學世界經濟專業碩士）

摘要

　　近年來，「區域全面經濟夥伴關係協定」（RCEP）與「跨太平洋夥伴關係協定」（TPP）競合發展的態勢，令東亞區域經濟整合面臨困境。原有的東亞區域經濟合作路徑如「10+3」、「10+6」等，已被RCEP所取代，RCEP有利於進一步整合亞太眾多複雜的地區性合作機制，與此同時，還可以對美國借助TPP主導亞太區域經濟合作發揮平衡和制約作用，但RCEP本身的內容及特點，決定了該機制的未來談判進程必然面臨內部FTA整合困難、東盟向心力和共同意志缺失等問題。從外部看，TPP推進速度較快，給東亞區域經濟合作帶來的壓力有增無減。基於這些背景，本文重點分析當前東亞區域經濟整合的困境所在，並以此為基礎，提出未來東亞區域經濟整合的路徑選擇：一是深化「10+1」合作；二是推進RCEP建設；三是依託APEC平臺推動「亞太自由貿易區」（FTAAP）。

關鍵詞：東亞區域經濟合作、亞太自由貿易區、RCEP、TPP

　　2015年，東盟主導下的「區域全面經濟夥伴關係協定」（RCEP）談判加速，與此同時，美國推動的「跨太平洋夥伴關係協定」（TPP）談判結束並成功簽署協定，且美國與歐盟還在密集展開「跨大西洋貿易與投資夥伴關係協定」（TTIP）談判。在內外壓力日益增大的情況下，東亞區域經濟合作何去何從，成為學界普遍關注的一個焦點。

　　本文重點分析東亞區域經濟合作當前面臨的困境，由此提出未來推進東亞區域經濟合作的路徑選擇。全文分為四個部分：第一部分，文獻回顧，綜述國內外相關領域研究現狀；第二部分，亞太區域經濟合作動向，結合最新動態，探討亞太區域經濟合作新特點；第三部分，東亞區域經濟整合困境，分析東亞區域經濟合作面臨的內外夾擊問題；第四部分，東亞區域經濟整合路徑思考，提出未來推進東亞區域經濟整合的三條路徑。

壹、文獻回顧

　　國內外學者對東亞區域經濟合作問題關注頗久，近年來的相關研究大致涉及三類問題：

一、東亞區域經濟合作現狀、特點

　　王玉主、富景筠（2011）、李向陽（2012）、俞春英（2010）、楊定華（2010）等國內學者都對東亞區域經濟合作進行過現狀分析，多數認為東亞經濟合作以東盟成立為標誌，一直進展緩慢，並以東盟單一形式進行，直到1997年亞洲爆發金融危機，東亞各國才認識到加強合作的必要性，合作的領域和範圍不斷擴展，形式多樣化，到目前取得了積極進展，形成以下框架：第一，東盟區域經濟合作；第二，東盟與中、日、韓、印、澳、新（新西蘭）分別組成的雙邊經濟合作安排——「10+1」；第三，東盟主導的以五個「10+1」FTA為基礎、涵蓋16國的「全面、

高品質、互惠的區域自由貿易協定」──區域全面經濟夥伴關係協定
（RCEP）。其中，王玉主，富景筠（2011）認為，下一步亞太地區最有
可能形成強TPP和弱RCEP並行的新型雙框架模式。張利霞（2013）則提
出，東亞區域經濟合作的一個顯著特點是以東盟為軸心，出現了小國主
導、大國參與的奇特現象。張翰文、滿凱文（2010）認為，東亞區域內經
濟體數量繁多，並且各具特色，而開放的地區主義和靈活性，必然是東亞
區域經濟合作的基礎。

二、東亞區域經濟合作面臨的問題

　　絕大多數學者在肯定東亞區域經濟合作取得成果的同時，也提出了目
前存在的問題和面臨的挑戰。陸建人（2009）認為：東亞區內各經濟體
和國家各自為政，傾向建立次區域的雙邊FTA，不重視多邊FTA。東亞國
家大多都是和經濟發展水準相當的國家建立雙邊FTA，並由此形成東亞地
區相互交織的紛繁複雜的FTA網路。而對於多邊FTA，由於各國情況的差
異，特別是中日韓之間依然存在的競爭態勢，導致東亞多邊FTA的建設仍
然進展緩慢。王志民（2010）也認為，東亞地區沒有建立可行的多邊合作
機制，區域內大多數國家還是應用傳統的雙邊協調機制來協調彼此間的利
益，缺少相應的法律規範，沒有形成特定的制度，而且涉足的領域和解決
的問題也相當有限。張蘊嶺（2011）指出：東亞經濟合作面臨的突出問題
是，以東盟為輪軸的「東盟＋1」FTA網路，由於在商品例外清單、降稅
步驟、原產地規則等多個方面存在著較大差異，因此很可能會惡化目前東
亞地區已經存在的「義大利麵碗」效應，其直接結果就是提高了東亞地區
企業利用FTA的交易費用，並導致部分FTA的利用率相對低下，這無疑增
加了整個東亞區域經濟合作的困難。王守貞（2009）提出東亞市場上人
員、資本、商品、生產要素的流通存在較大障礙，作為區域化實際效果之
一的自由貿易景象還未出現。即使是東盟，雖然已經具備了一定的組織結

構，但在具體方面的運作還遠不及歐洲統一市場。

三、中國推進東亞區域經濟合作的政策建議

　　沈銘輝（2013）提出東亞合作的經濟意義，不僅在於可以為中國在經濟轉型中提供必要的過渡，還將通過制度建設配合國內改革，為下一階段的中國經濟增長提供制度紅利；同時還是克服TPP與亞洲「麵碗效應」等負面影響的有效手段。他認為：伴隨著RCEP的提出，東亞合作獲得了新動力，中國有必要以務實、積極的態度投入RCEP談判中，以期通過RCEP助推中國經濟可持續發展。袁波、王蕊（2014）對東盟分別與中、日、韓、印、澳、新達成的貿易自由化水準進行了比較，在此基礎上研究RCEP未來的談判前景，提出中國在RCEP中應採取的應對措施，認為中國應敢於在RCEP談判中發揮主動作用，應有自信能接受規則與自由化水準較高的RCEP協議。

　　2011年以來，國外學者對東亞區域經濟合作的研究集中於RCEP方面，如新加坡國際事務研究所的高級研究員Hank Lim（2012）從宏觀角度分析RCEP的推進問題，提出原產地規則（Rules of origin, ROO）應簡化處理以便統一、服務貿易部門開放承諾應遵循更高標準等。更多學者將RCEP與TPP進行了比較，如澳大利亞學者Matthew Rimmer（2012）、印尼學者BegindaPakpahan（2012）認為，RCEP所實現的貿易自由化程度會低於TPP，其談判範圍僅限於貨物貿易和部分服務貿易、投資等，明顯窄於TPP；新加坡東盟研究中心的研究員SanchitaBasu Das（2012）則指出，RCEP比TPP更具靈活性，會兼顧各成員國需求。在RCEP之前，不少學者探討了東盟對外所簽的五個「10+1」FTA問題，相關成果如Rahul Sen, Mukul G. Asher和Ramkishen S. Rajan（2004）、Mukul G. Asher and Rahul Sen（2005）等。

　　上述文獻為本文展開研究提供了重要參考，鑒於亞太區域經濟合作出

現一些新變化，本文擬結合這些變化，進一步探討東亞區域經濟整合面臨的困境及未來發展的路徑選擇。

貳、亞太區域經濟合作動向

　　2011年RCEP出現之前，亞太區域經濟合作除美國推動下的TPP外，充斥著各種錯綜複雜的雙邊FTA，呈現顯著的「義大利麵碗」格局。統計顯示，截至2011年6月，亞太地區共達成或正在籌建的區域貿易協定共257個，其中簽署並已生效的109個；已簽署但尚未生效的29個；基本框架已經簽訂但其他內容尚在磋商中的19個；FTA方案尚在磋商中的45個；正在進行可行性研究的55個。在亞太地區的257個FTA中，雙邊FTA達193個，占總數的75%，多邊FTA為64個，占比為25%。[1]

　　RCEP提出之後，亞太區域經濟合作儘管仍有不少雙邊FTA，但總體格局開始向兩大機制和平臺「聚斂」：

　　一是TPP。跨太平洋夥伴關係協定（TPP）最早由智利、紐西蘭、新加坡三國於2002年10月展開談判，2005年4月汶萊宣布加入。2005年7月，四國簽署「跨太平洋戰略經濟夥伴關係協定」（TPSEP），並於2006年5月28日生效。按照協定，成員方將在2015年前取消所有商品關稅。

　　2008年2月，美國宣布加入TPP。2008年11月，在美國的影響下，澳大利亞和秘魯正式作出了加入TPP的承諾。2009年3月，TPP的四個初始締約方同意接受越南以「聯結成員」的身分加入TPP談判，TPP開始進入發展壯大階段。美國借助TPP的已有協定，開始推行自己的貿易議題，全方位主導TPP談判。自此，「跨太平洋戰略經濟夥伴關係協定」更名為「跨太平洋夥伴關係協定」（TPP）。

---

[1]　數據來源：WTO database。

2010年3月15日，TPP首輪談判在澳大利亞墨爾本舉行，會議達成建立面向21世紀高標準、全面自由貿易協定的共識，並承諾以開放姿態歡迎任何APEC成員和非成員參與。2010年10月，馬來西亞正式加入TPP，成為第九個談判國，TPP進入「P9」談判時期。2012年12月，加拿大和墨西哥正式加入TPP談判。2013年7月，日本正式加入TPP談判，成為第十二個談判國。2015年6月，美國參眾兩院通過了對TPP至關重要的「貿易促進授權法案」（TPA），使TPP在年底順利達成並最終生效的可能性進一步增強。2015年10月，TPP在美國結束全部談判並成功簽署協定，從而進入等待各成員國批准生效的新階段。

二是RCEP。「區域全面經濟夥伴關係協定」（RCEP）由東盟提出於2011年2月，目標是在東盟現有的五個「10+1」（即東盟分別與中國、日本、韓國、印度、澳大利亞和紐西蘭簽署的FTA）基礎上，構建一個涵蓋16國的全面、高品質、互惠的區域自由貿易協定。2012年8月，東盟與中日韓三國經濟部長會議針對RCEP協定談判達成實質性共識，並通過《RCEP談判指導原則與目標》；同年11月，在東亞峰會上，東盟10國與中、日、韓、印、澳、新等16國領導人正式宣布啟動RCEP。

2013年5月，RCEP首輪談判在汶萊舉行，正式成立了貨物貿易、服務貿易和投資三個工作組，各方就三個工作組的工作規劃、職責範圍及未來可能面臨的挑戰等議題深入交換意見，同時就貨物貿易、服務貿易、投資及其他領域談判問題展開磋商。首輪談判期間，RCEP的16個成員國一致同意努力推進談判，以實現2015年結束談判的目標。

2013年9月23~27日，RCEP第二輪談判在澳大利亞布里斯班舉行，貨物貿易方面，各方重點討論了關稅減讓模式和章節結構及要素等問題，並就關稅和貿易資料交換、原產地規則、海關程式等問題進行了交流，決定成立原產地規則分組和海關程式與貿易便利化分組；服務貿易方面，各方對協定章節結構、要素等問題展開討論，並就部分各國感興趣的服務部門

開放問題初步交換意見；投資組重點就章節要素進行了討論。此外，各方還就經濟技術合作、知識產權、競爭政策和爭端解決等議題進行了資訊交流。

2014年1月20~25日，RCEP第三輪談判在馬來西亞吉隆坡舉行。本輪談判中，各方繼續圍繞貨物貿易、服務貿易和投資領域的技術性議題展開磋商，具體包括：1.貨物貿易領域，各方建設性地討論了降稅模式、原產地規則、海關程式與貿易便利化等議題；2.服務貿易領域，各方探討了章節結構、要素及市場准入等一系列廣泛議題；3.投資領域，各方詳細探討了市場准入模式、章節要素等議題。為進一步推動談判在廣泛領域取得進展，各方還決定成立知識產權、競爭政策、經濟技術合作和爭端解決等四個工作組。此外，各方還就部分成員提出的新領域進行了資訊交流，並分別召開了知識產權、服務與投資的關係等兩場研討會。

2014年3月31日至4月4日，RCEP第四輪談判在廣西南寧舉行。這輪談判在前三輪談判成果基礎上，繼續就RCEP涉及的一系列議題進行了密集磋商，在貨物、服務、投資及協定框架等問題上取得積極進展。貨物貿易方面，重點討論了關稅、非關稅措施、標準技術法規合格評定程式、衛生與植物衛生措施、海關程式與貿易便利化、原產地規則等議題；服務貿易方面，就談判範圍、市場准入領域等議題充分交換了意見；投資方面，就投資模式檔和投資章節要素進行深入探討。此外，新成立的知識產權、競爭政策和經濟技術合作工作組也就相關議題進行了討論。

截至2015年11月，RCEP已進行了十輪談判，各工作組分別在貨物貿易、服務貿易、投資、經濟技術合作、智慧財產權、競爭政策、法律與機制等7個領域取得了較大進展，有望於2016年底完成談判。

顯然，TPP和RCEP競合發展的態勢，將對亞太區域經濟合作特別是東亞區域經濟整合產生深遠影響。

參、東亞區域經濟整合困境

從外部看，東亞區域經濟整合面臨的壓力主要來自TPP。在當前湧現的諸多區域貿易協定中，TPP明確指向「高標準」。按照初始設計，TPP要求各成員在十年內即到2015年削減全部產品的關稅，不允許有例外，內容涵蓋貿易、投資、金融、科技等多個領域的合作，以及知識產權、貿易爭端解決等，而且只要成員同意，還可進一步拓寬領域。近年來，TPP推進速度很快，已於2015年10月完成所有談判並簽署協定。從目前公布的協定內容看，TPP儘管沒有初始設計那麼嚴格地「高標準」，但也已經達到當前FTA協定的較高水準。值得注意的是，TPP目前12個成員中已包含4個東盟國家（新加坡、汶萊、越南及馬來西亞），而且泰國已表示有興趣加入談判，菲律賓也表示將積極研究，這使得東盟內部可能出現TPP成員與非TPP成員兩大陣營，如果任由其發展，東盟很可能面臨被分化的危險。2013年7月日本正式加入TPP談判之後，韓國也顯露加入意願，東北亞這兩大經濟體對TPP的靠近，更使東亞區域經濟一體化的原有平衡遭受衝擊，今後東亞能否有效整合，再度增加不少變數。

然而，歸根結底，東亞區域經濟整合最大的考驗還是來自內部，即RCEP本身的進展。RCEP以整合現有的5個「10+1」FTA作為基礎，每個「10+1」FTA的開放程度均高於WTO，但如何整合現有5個「10+1」FTA並達成更高水準的區域貿易協定，將考驗RCEP各成員對於進一步開放的決心和信心。總體而言，RCEP面臨以下兩大挑戰：

第一，東盟—印度FTA與東盟—澳新FTA較難整合。

5個「10+1」FTA中，貨物貿易、服務貿易、投資協定等具體規定各不相同，因此在整合上存在不同程度的困難。在東盟—中國、韓國FTA中，貨物貿易協定在降稅時間安排、貿易自由化程度高低、敏感產品劃分等規定具有一定的相似性；服務貿易協定文本也極其相似，尤其在具體承

諾方面，東盟與中國、韓國的協定文本採取WTO的GTAS正面表列方式，唯一不同的是東盟與韓國FTA中增加對金融服務領域的界定。另外，東盟和兩國針對投資協定相關的使用範圍、徵收條件、最惠國待遇，以及爭端解決和透明度等方面的規定也基本高度一致。同時，兩協定均未包含知識產權、SPS/TBT、競爭和政府採購等內容，進而整合難度有所降低。

5個「10+1」FTA中，整合難度較大的是東盟與印度、澳、新FTA。在東盟—印度FTA中，貿易自由化程度最低，從而導致敏感產品協調較為困難。一是印度對東盟提出的敏感產品數量遠高於中國、日本、韓國和澳、新；二是東盟各國對印度提出的敏感產品清單也明顯高於中國、日本、韓國和澳、新，眾多敏感產品的提出，表明東盟各國與印度在貨物貿易領域存在較大分歧和顧慮。澳大利亞和紐西蘭是全球經濟自由度比較高的國家，所以，東盟與澳、新FTA是5個「10+1」中品質最高的一個FTA，在貨物貿易領域，澳、新對東盟最終將達100%的貿易自由化，東盟對澳、新也將分別達到96%、99%左右的自由化程度，這一水準不僅高於東盟與中國、日本、韓國簽訂的FTA，更高於東盟—印度FTA。因此，RCEP要求的貿易自由化水準將會使各方在談判過程中更加艱難。此外，由於日本、印度此前並未與東盟簽署服務貿易協定和投資協定，故而未來東盟如何在服務貿易談判和投資談判問題上整合這些成員，也是一個較大的挑戰。

第二，東盟內部的「向心力」和「共同意志」不足。

李皖南（2009）認為，在東亞經濟合作中，無論是「10+1」，「10+3」還是「10+3+3」等模式，東盟的地位都相當獨特。東盟在亞太地區國際關係中的重要性，不是取決於東盟在20世紀70年代迅速發展起來的整體經濟實力，更不是其整體軍事實力，而是東盟在亞太地區國際關係中那種獨特的作用，以及因此而奠定的重要地位。曹衛平（2002）認為這種獨特的地位和作用，體現在東盟在衝突中的協調性、角色的不可替代性、交

往中的廣泛認同性，進而奠定東盟作為亞太地區五極之一（美、中、日、俄、東盟）的地位。曹雲華、朱幼恩（2005）認為，東盟在東南亞乃至整個東亞區域經濟一體化進程中扮演的重要角色，是小國聯盟牽引地區大國開展區域經濟合作的典範。

可見，東盟憑藉長期的合作經驗、獨特的大國平衡戰略，逐漸在東亞經濟合作中發揮主導地位和核心作用。然而，內部凝聚力不強和共同意志的缺失，也將影響東盟在東亞地區的主導地位。由於各個成員國的利益不在區域內，新老成員國間的經濟體系和經濟發展水準存在較大差距，加上民主價值觀的差異、社會政治體制不同，造成東盟各個成員國缺少相互信任和集體精神。東盟由於內部成員國宗教和政治制度的多元，造成了其一體化進程中自我整合意願，即共同意志這種內在驅動力的缺失。這種缺失會導致東盟一體化在深化和拓展的過程中遇到阻礙。東盟憲章雖然給出了一個貌似深刻的一體化目標（一個目標、一個身分和一個聲音），但這個目標更多體現的是一種程式化的表達，背後的根本推動力是有缺失的，這種共同意志的缺失會阻礙RCEP的發展。

肆、東亞區域經濟整合路徑思考

在內外夾擊之中，東亞各經濟體更需加強合作，突破困境。就目前而言，東亞區域經濟整合較為適宜的路徑有三：

一是放棄「10+3」路徑，深化「10+1」合作。

東盟與中日韓即「10+3」的合作，源於馬來西亞總理馬哈蒂爾1990年提出的「東亞經濟集團」設想（後改為「東亞經濟論壇」），但是因為美國反對，日本消極，該論壇未能啟動。1995年曼谷首腦會議，東盟提出與中、日、韓首腦會晤設想；1997年底，首次東盟與中、日、韓領導人非正式會晤在馬來西亞吉隆坡舉行，與會領導人就「21世紀東亞的發展前

景、亞洲金融危機、深化地區經濟聯繫」達成諸多共識，對加強東亞地區協調合作釋放出明顯信號。以此為契機，東亞「10+3」合作機制逐步建立起來，「10+3」首腦會議也正式制度化。

從推進區域經濟一體化的角度看，東亞「10+3」合作路徑曾發揮積極作用，如在中日韓自由貿易區談判啟動之前，有效推動了中日韓三國在「10+3」框架下的對話與合作，推動了東亞各國為構建「東亞共同體」所做的努力等。但不可否認的是，RCEP啟動後，東亞區域經濟合作重心已偏離「10+3」的預定軌跡。RCEP的出現，結束長期以來東亞地區合作中「10+3」與「10+6」的路徑之爭，為東亞區域經濟合作增添了一個新平臺，但對「10+3」合作機制以及「10+3」基礎上的「東亞共同體」建設目標而言，無疑意味著一種變相的終結。加之中日韓自由貿易區談判的推進，更弱化了「10+3」的地區整合作用。因此，筆者認為，當前局勢下，東亞「10+3」合作路徑面臨名存實亡的可能，如果RCEP和中日韓自貿區談判都順利進行，那麼未來「10+3」即使繼續存在，也將更多地趨向於「論壇」性質，而非實質性的地區合作機制。

鑒於上述，東亞各國首先應深化各自既有的「10+1」合作，以保障東亞區域經濟整合的基礎路徑暢通。

二是積極促成RCEP。

RCEP順應區域經濟合作的潮流，符合東亞大部分國家的利益訴求，推進方式適合東亞經濟發展水準，具有相當的發展潛力。如果RCEP成功簽訂，雖然會不可避免地對各國薄弱產業產生一定的衝擊，但同時也是一些經濟體（如中國）推動國內產業進行轉型升級的好機會，可以為其成員的經濟發展提供更加廣闊的市場。從區外角度來說，RCEP在一定程度上可為成員國參與全球治理和區域經濟合作贏得更大戰略空間和話語權，優化東亞的周邊環境，增強地區成員抵禦危機的能力。因此，東亞各國在對待RCEP的問題上應該採取積極態度，推動RCEP在部分領域的優先開放，

為其穩步推進做出實質性貢獻。

三是依託APEC，推動「亞太自由貿易區」（FTAAP）。

作為亞太地區較早的一個合作機制，APEC多年的成果不容忽視，儘管近幾年進展緩慢，但其作用和影響理應予以高度肯定。東亞區域經濟整合離不開APEC，因為RCEP的16個成員中，有12個同時也是APEC成員，只有印度、老撾（寮國）、柬埔寨、緬甸屬於RCEP成員但尚未進入APEC。APEC區別於TPP等機制的主要特點，就是其開放性、靈活性。由於RCEP變數較多，所以東亞各經濟體不妨同時借助APEC平臺，在「鬆散的大家庭」裡，通過多個管道探討一些大家共同關心的問題，在溝通和探討過程中，為發展中國家爭取更多的話語權和參與規則制定的權利。APEC運行20多年來，貿易投資便利化方面的成就非常突出，如簡化海關程式、實施「商務旅行卡計畫」等。以此為基礎進一步推動建設「亞太自由貿易區」（FTAAP），有利於緩解東亞各國應對TPP的壓力，在更大範圍內促成東亞區域經濟整合。

參考書目

中文部分

汪占熬、陳小倩，「亞太區域經濟一體化的走勢及我國的對策」，經濟縱橫，第4期（2013年）。

沈銘輝，「構造區域全面經濟夥伴關係協定──走向統一的地區架構」，東北亞論壇，第4期（2013年）。

英文部分

Anonymous, "Full establishment of China-ASEAN Free Trade Area," *Filipino Reporter*, Vol. 38 (New York, 2010).

Bergsten, C. Fred and Jeffrey J. Schott, *Submission to the USTR in Support of a Trans-Pacific Partnership Agreement, Peterson Institute for International Economics* (Washington DC: Peterson Institute for International Economics, January 25, 2010), http://www.iie.com/publications/papers/paper.cfm?ResearchID=1482.

Chin, Gregory & Richard Stubbs, "China, regional institution building and the China–ASEAN Free Trade Area," *Review of International Political Economy*, Vol. 18, Issue 3 (New York: Routledge, Aug. 2011), pp. 277-298.

Kawai, Masahiro, ADB Institute, Tokyo, and Ganeshan Wignaraja, ADB, Manila, "A closer look at East Asia's free trade agreements," *East Asia Forum Quarterly* (Canberra: East Asian Bureau of Economic Research, February 1, 2011), http://www.eastasiaforum.org/2011/02/01/a-closer-look-at-east-asias-free-trade-agreements/.

實現亞太自由貿易區路徑分析[1]

陸建人
（廣西大學中國—東盟研究院首席研究員）

摘要

　　亞太自由貿易區（FTAAP）已被列為亞太經合組織（APEC）的長遠目標，是亞太經濟一體化的重要內容和標誌。如何才能實現這一目標，有哪些具體路徑，頗值探討。本文評析了實現FTAAP的五條可能路徑，並提出應該將FTAAP的建設分為低、中、高三個階段，與茂物目標的實施相結合，通過APEC自願方式實現。必須發揮APEC在推動亞太區域經濟一體化中的引領作用，通過APEC主導來實現FTAAP。

關鍵詞：APEC、亞太自由貿易區、FTAAP路徑

---

[1] 此文獲中國國際貿易學會2014年「中國外經貿發展與改革」徵文優秀論文獎。基金專案：國家社科基金項目「亞太地區政治、安全、經濟合作框架設計研究」（批准號13XGJ007）。

壹、FTAAP及其實施路徑

　　亞太自由貿易區（FTAAP）正式納入APEC議題是在2006年河內峰會上，並被作為「長遠的期望」寫入領導人聲明中。但有關成立FTAAP的倡議早在2004年便由加拿大向APEC工商諮詢理事會（ABAC）提出。2010年，APEC橫濱峰會將FTAAP列為長期目標，但沒有像茂物目標那樣有一個粗略的時間表。峰會同時將10＋3、10＋6和TPP（跨太平洋夥伴關係）列為通往FTAAP的三條路徑。

　　此後幾年，亞太區域經濟一體化進程風雲變幻，TPP風生水起，強勢登臺；10＋3進入低谷；東盟為避免被TPP分裂而自組RCEP（區域全面經濟夥伴關係），如果RCEP能在預定的2015年底前成立，那麼10＋3、10＋6均將被RCEP全面覆蓋和取代。[2] 這樣，從邏輯上看，通往FTAAP的路徑也就從10＋3、10＋6和TPP三條變成TPP和RCEP兩條了。但事實上，目前國內外學術界還提出過另外三條路徑：一是「將TPP和RCEP融合而成為FTAAP」；二是通過APEC內部RTAs/FTAs的整合實現FTAAP；三是與茂物目標的實施相結合，分階段實現FTAAP。這五條路徑各有特點，但筆者認為，前三條路徑的可能性不大，後兩條路徑則有一定可能，尤其是第五條路徑最符合APEC方式，但也有一定難度。以下分別對這五條路徑進行評析，為敘述方便，將前三條作為一組，後兩條作為另一組來談。

---

[2] 這裡10＋3指的是由東盟10國加上中日韓三國組成的自由貿易區，而非10＋3領域合作。後者的功能難以被RCEP取代。而10＋6是由日本提議、東盟支持，最後中國也同意的由東盟10國加中日韓和澳、新（西蘭）、印（度）組成的自貿區，與RCEP成員完全一致。

貳、對前三條路徑的評析

一、第一條路徑：「經由TPP實現FTAAP」

　　TPP至今共有12個談判成員，已進行了3年多時間20多輪談判，雖有不少困難，但最終仍有較大可能達成協議。[3] TPP談判成員均為APEC成員，已占APEC 21個成員的一半以上。從成員和內容上看，TPP已經為FTAAP打下了半壁江山。從TPP通往FTAAP合符邏輯，程序也不複雜，只要讓剩餘的9個成員陸續加入就行。而TPP的高標準足以覆蓋APEC成員之間現有的雙邊和多邊FTA，較容易將它們統合起來，成為FTAAP。從這點來看，經由TPP通往FTAAP確實是一條簡單直接的路徑。不過，筆者認為這條路徑近期難以實現。

　　首先，如果要將TPP發展成FTAAP，那麼，TPP必須擴大成員，直至包括APEC 21個成員為止。[4] TPP雖然標榜對APEC成員「開放」，但卻採取了加入WTO的辦法，即申請加入者必須與TPP每一個成員單獨商談「入會」問題，商談內容也類似WTO，耗時日久，只有分別與每個成員談完並取得對方同意後，才能獲得「入場券」，所以，越晚申請的國家，要談的時間越長，遇到的問題會越多。從目前看，美國對TPP成員「資格」的審查非常嚴格，在協定簽署之前，也即整套規則確定前，不會讓中國等國加入談判。美國推動TPP的主要目的是制訂「下一代」貿易和投資規則，掌握全球貿易投資規則的制高點，然後從亞太推向WTO。所以，那些被認為會「拉後腿」、降低TPP標準的經濟體不在其考慮之列（越南是特

---

[3] 美國曾樂觀估計在2014年底前達成協議，參見美國前商務部長Barbara Franklin在2014年4月博鰲論壇上的談話：「TPP談判今年內完成」，人民網，http://finance.people.com.cn/n/2014/0409/c66323-24860755.html。

[4] 當然，FTAAP也可能不包括那些沒興趣參加的APEC成員，所以可能會出現21-X的情況。但顯然，FTAAP要有大多數（2/3以上）APEC成員才有意義。

例，且有政治用意）。據美國官員稱，多次表示要加入的菲律賓、已經進入國內程序的泰國，和宣佈在八年內加入的臺北均不在美國的考慮範圍之內。在下一步吸收韓國之後，TPP的擴員將停止。[5] 今後有可能採取「合格一個，加入一個」的辦法，但這需要較長的「等候」時間。從TPP擴大到APEC全體成員來實現FTAAP在目前和今後至少5年內是不可能的。

　　其次，TPP還面臨較大的挑戰：過高的標準使多個參加談判的國家備受國內的壓力，它們最後能否簽署協議尚有不確定性。還有一個顯而易見的問題是，儘管在2010年橫濱峰會發表的「FTAAP的實現途徑」文件提出，「FTAAP不僅將實現傳統意義上的貿易投資自由化，還將更加全面，品質更高，包含和應對下一代貿易投資問題」，[6] 但由於APEC成員的經濟開放度差別很大，未來由全體APEC成員組成的FTAAP的「品質」要達到這樣的要求難度很大，這一點美國也非常清楚，所以才對TPP成員進行嚴格挑選。一方面，低於TPP的所謂「黃金標準」的FTAAP顯然不是美國所想要的；另方面，比TPP標準更高的FTAAP又難以實現，即使FTAAP標準與TPP持平，從理論上說，可以通過TPP擴大成員直至覆蓋全體APEC成員來實現，但從實際來看，這將是一個發達成員與發展中成員艱難博弈的過程。在美國眼裡，剩下的APEC成員都是價值不大或其不想要的，它是否願意用大力氣去推動不得而知。[7] 不過也有學者認為，TPP能否成為通往FTAAP的路徑，取決於中國是否加入：「如果中國加入TPP，那麼TPP將是通向FTAAP的主要路徑，並需要調整TPP的『黃金標準』，使其能夠滿足農業和發展關切，FTAAP應成為一種混合物。[8] 但顯

<hr />

[5] 引自美國戰略與國際研究中心（CSIS）Matthew P. Goodman 2013年11月15日在北京PECC會議上回答相關問題時的講話，他曾任白宮APEC與東亞峰會協調員，具有官方背景。

[6] 引自APEC 2010年《橫濱宣言》附件1。

[7] 關於FTAAP的內容與標準的討論，請見後面第5點。

[8] Jeffery Schott, "Getting to the FTAAP via the TPP Turnpike," October 2010, http://www.iie.com/publications/papers/schott20101025ppt.pdf.

而易見，美國不會讓TPP變成這樣一種低標準的『混合物』」。

二、第二條路徑：「經由RCEP實現FTAAP」

這種觀點認為，TPP排除部分東盟成員，否定東盟的中心作用，得不到東盟的支持。另外，中國和印度這兩個大經濟體也不在其中，FTAAP不包括這些成員是沒有意義的。[9] 而RCEP的標準比TPP更加適合亞太地區成員的情況，從RCEP走向FTAAP更易實現。

然而，筆者認為，通過RCEP路徑實現FTAAP，可能性更小。

首先，RCEP成員的地理局限性很明顯，都在西太平洋一側，沒有一個來自太平洋東側的成員。要改變「有亞無太」的特徵，RCEP必須吸引太平洋對岸的APEC成員加入，而作為TPP領軍者的美國自然不會參加，剩下的加拿大、墨西哥、秘魯和智利也無此考慮。對他們而言，美國市場的重要性和與美國經濟關係的深度都遠超過與RCEP成員。

其次，更主要的是，RCEP是由東盟主導的，其出發點首先是牢牢掌握區域一體化進程的主導權，保證東盟不被分化和避免被中國、美國、日本、澳大利亞等大國和發達國家架空。有鑑於此，他們對CJK（中日韓自貿區）的防備意識也很強。東盟智庫甚至希望CJK談判失敗，因為CJK成功，會大幅降低東盟對RCEP的控制。[10] RCEP在2015年底談判結束前並無擴張成員的打算。由於目前東盟的注意力主要放在2015年成立東盟共同體（AEC）上，RCEP談判進展緩慢，能否在2015年底前如期結束尚屬疑問。

---

[9] Masahiro Kawai and Ganeshan Wignaraja, "Asian FTAs: Trends, Prospects, and Challenges, ADB Economics," *Working Paper Series*, No. 226 (October 2010), http://www.un.org/esa/ffd/msc/regionalcooperation/ADB_WPs.pdf.

[10] 筆者2013年10月訪問馬來西亞戰略與國際研究所（ISIS)時，對方學者如是說。

再次，RCEP的標準比TPP低許多，例如，沒有勞工和環境議題，在投資領域，也不設ISDS（投資者—國家爭端解決機制）等難題，其它領域的標準也大幅低於TPP。如果從RCEP進入FTAAP，無疑將是一個標準低於TPP的FTAAP，美國和APEC發達成員能接受嗎？而如果要東盟「拔高」RCEP標準以適應FTAAP，這是更難的事情。RCEP目前所以有吸引力，正因為其實行低於TPP的標準，標準高了，東盟中的部分成員和印度將難以做到。

最後，借道RCEP 進入FTAAP還有一個成員「會籍」的尷尬問題：一是印度，多年申請加入APEC未果。印度在國際事務中一向獨立行事，在WTO杜哈談判上不願配合美國，所以美國藉口地理原因將其排斥在APEC之外。印度與東亞生產網路的聯繫也不強，東盟邀請對經濟開放持保守態度的印度加入10＋6，主要是政治考慮，將其作為平衡大國的一枚棋子。另外，東盟中的緬甸、老撾和柬埔寨均非APEC成員，如果經由RCEP進入FTAAP，那麼必須解決這四國的APEC會籍，而APEC停止吸收新成員已經多年,似乎沒有改變的打算。

三、第三條路徑：「將TPP和RCEP融合而成為FTAAP」

這是目前談得較多、被眾多學者寄予厚望的一條路徑。但筆者認為，無論從經濟層面還是政治層面，TPP與RCEP合併本身將遇到巨大的障礙，從而使這條路徑難以走通。

TPP和RCEP各有優勢和劣勢，TPP的特點是「陽春白雪」，標準高，適合自由化程度高的APEC成員；RCEP的特點是「下里巴人」，重視成員的差異性，具有包容性和靈活性，適合自由化程度相對不高的APEC成員。但兩者在通往FTAAP上都有各自難以逾越的障礙和局限性，這在上面已經做了某些分析。這兩者雖然有明顯的競爭性，但也並非水火不相容。TPP實現其目標也會有個過程，對越南這樣的發展中成員將設立較長

的過渡期；而且也不排除為達成協議而降低個別標準的可能性。

　　RCEP有不少超WTO的內容，起點比APEC內部許多FTA高，而且其中的發達成員在談判中會提出更高的標準。有學者指出TPP和RCEP兩者在協定的內容和結構上有許多相似之處，「兩種協定越來越多地相互借用語言，在議題和實施途徑上的共識在增加。」[11] 另外，有部分「腳踩兩條船」的APEC成員，通過在TPP和RCEP兩邊下注，獲取更多好處。這些具有雙重身份的APEC成員，為使利益最大化，可能成為推動TPP和RCEP合併的宣導者，這有利於 TPP和RCEP的並軌。

　　但是， TPP與RCEP自由化程度不同，合併將出現按誰的規則走的問題，這並不是一個簡單的事情。以貨物貿易自由化中的原產地規則為例，跟從的一方顯然將付出更高的代價。美國學者已經提出，鑒於「TPP有可能為整個地區制訂通用的原產地規則，希望RCEP效法TPP，使用產自成員國產品的價值累計規則」。[12] 如果這樣辦，RCEP成員的企業，特別是非TPP成員的RCEP成員企業，將不得不為遵守新規則而增加成本。此外，RCEP成員還面臨實施TPP其他的規則的難題。反過來，要TPP降低標準，屈從RCEP的規則，美國絕不會同意。目前，TPP的成員數量已超過RCEP中的APEC成員，佔有優勢，如果兩者合併，必然是就高不就低，最多設定某個過渡期，讓RCEP成員最終達到TPP的標準。這樣，與其說是合併，不如說是吞併。RCEP的一些核心成員未必會同意。所以，從經濟層面來看，TPP與RCEP合併的障礙很大。

　　另外，由於TPP不包括中國，而RCEP不包括美國，TPP和RCEP合併將面臨著中美之間市場隔絕而造成要素流通阻塞的問題。中美沒有建立雙

---

[11] Peter Petri（美國布蘭戴斯大學教授），「TPP和RCEP談判的經濟學」，載唐國強主編，亞太與東亞區域經濟一體化形勢與建議（北京：世界知識出版社，2003年12月），頁18。

[12] 同上。

邊FTA，將成為兩個組織合併的最大難題。為此，有學者呼籲美國與中國在簽署《雙邊投資協定》（BIT）後簽署雙邊自貿協定，從而帶動RCEP和TPP邁向FTAAP。[13] 但顯而易見，近期成立美中FTA的可能性不存在。特別是在中國的市場經濟地位至今未被美國承認的情況下，更無可能。那麼，到2016年，當中國自動取得市場經濟地位後，有無可能呢？這個問題最終要由美國國會來回答。美國國會一直以來都不贊成本國政府與中國建立雙邊FTA，這裡既有經濟原因，更有政治原因。美中兩個政府即使談成了FTA，國會也很可能行使否決權。現在，雙方正在談判BIT，這一步不走完，FTA從何談起？同樣，美國國會也不贊成美國與中國在同一個多邊或次區域FTA中，這就是TPP排除中國的真正原因。所以，從政治層面來看，至少在未來5年中，TPP與RCEP合併的可能性很低。

參、對後兩條路徑的分析

四、第四條路徑：「通過APEC內部RTAs/FTAs的整合實現FTAAP」

　　這是較早時期的設想，在FTAAP被正式提出來之後不久，就出現過這一想法。筆者認為，雖然這不是什麼新的提議，但卻是一條障礙較少的路徑，不過難點不少，耗時較長。儘管TPP頗有「挾天子以令諸侯」之勢，RCEP剛剛啟動便被寄于厚望，但並沒有阻擋APEC內部RTAs/FTAs進一步發展的潮流。近10年APEC內部的FTA日益增多，出現碎片化趨勢，加重了「麵條碗」效應，客觀上需要加以整合，以減少區域內交易成本。其實，當前整合的基礎和條件都比以前好。從基礎來看，就東亞而言，

---

[13] Peter Petri, "The New Landscape of World Trade Policy"（在中國太平洋經濟合作全國委員會亞太區域經濟合作的新發展和未來方向國際研討會上的發言，2013年11月15日）。

目前10＋3框架已被分為中韓、CJK和RCEP等新的FTA，還有正在升級中CAFTA，它們是APEC內部新一代FTA，其自由化程度和範圍都超過老一代的FTA，在它們基礎上通過整合，形成FTAAP的成本要比過去小。從條件來看，APEC近年來已經創造出「FTA最佳範例」、「示範條款」，和《APEC自由貿易協定透明度範本》等方式，[14] 有利於現有的各個FTA逐步統一相關條款。通過APEC的協商而非談判方式，可以建立各種引導性的範本和範例。例如，可以將《FTAAP的實現途徑》文件中所說的「下一代貿易投資問題」──如「邊境後問題」（behind the border issues）[15]──引入範本；還有，促使各成員在構建新的FTA時儘量統一相關領域和條款，同時及時升級原有的FTA水準，尋求趨同性，為不同FTA之間的整合創造良好的基礎。通過各成員自發地對不同FTA的歸併和統一，最終建立一個高品質的FTAAP。這是一個漸進的、自發的、非談判的過程，通過這種方式可以大幅減少各成員經濟社會利益的衝擊，易於被所有APEC成員所接受。

　　當然，這條路徑也充滿艱難。其一，通過整合而成的FTAAP必然要把區域內多樣的FTA的原產地規則改為單一的原產地規則，這會引起嚴重分歧，如東盟較寬鬆的原產地標準（也包括CAFTA）與NAFTA（北美自由貿易區）、TPP較嚴格的標準差距很大，很可能最終無法達成一致。其二，一些棘手的問題頗難解決。例如，貨物貿易領域所涉及的農業補貼和例外產品關稅削減如何處理？成員之間出現貿易爭端後怎麼辦，是向WTO起訴還是在FTAAP中規定單獨的條款？投資爭端解決機制的選擇也面臨類似的問題。在服務貿易方面，是採用NAFTA那樣的「負面清單」

---

[14] 《APEC自由貿易協定透明度範本》是在2012年俄羅斯符拉迪沃斯托克APEC峰會上出臺的。

[15] 又譯為「邊境後問題」，指一國（經濟體）內部規章制度方面的障礙。

還是GATS（服務貿易總協定）正面清單的方式，等等？ 由於APEC內部各類FTAs/RTAs整合的過程與FTAAP本身的要求和難度直接相關，顯然，這將是一個長期的過程，耗時日久，難以設定具體的時間表。

五、第五條路徑：「與茂物目標的實施相結合，分階段實現FTAAP」

這是少數學者提出的一條路徑，但筆者認為卻是比較可行的路徑，同時也符合APEC的方式。相關分析如下：

FTAAP與茂物目標是什麼關係？孰先孰後，孰重孰輕？在APEC歷史上，這兩者的內涵和標準至今均未被做出數量的規定，目前學術界大致有以下幾種看法：

第一種意見認為，大部分FTA都以降稅為目的，FTAAP應當屬於這一類，它應該是實現茂物目標的路徑，而非相反。因為「建立在行動計畫議程上的茂物目標，包含了經濟一體化的許多方面，而不僅是一個單純的FTA」。換言之，只要實現2020年茂物目標，那麼也就實現了FTAAP。因此，推進FTAAP是為了配合完成茂物目標。[16]

第二種意見認為，可以將 FTAAP分為「非正式」的和「正式的」兩個階段，APEC也相應地通過兩個階段來實現FTAAP。第一階段，APEC通過2020年茂物目標的實現創立一個非正式的FTAAP。既然茂物目標的內容本身就是要在APEC區域內實現自由開放的貿易和投資，只要實現了茂物目標，就意味著在APEC建立了一個非正式的FTAAP。APEC可以在2020年正式宣佈隨著茂物目標的完成，「非正式FTAAP」也就開始了。然後，APEC向第二階段邁進，建立一個正式的FTAAP，但這需要引進約

---

[16] Maddaremmeng A. Panennungi, "APEC 2020: Multiplepaths to Attain the Bogor Goals," *APEC Study Working Paper in Economics and Business*, Volume III, No. 7/2013 (Lingkar: APEC Centre University of Indonesia, August 2013), p. 6.

束性原則，APEC成員最終以簽署FTA方式建立正式的FTAAP。[17]

第三種意見認為，在確定FTAAP的目標時，既要考慮到亞太經濟發展的巨大差異性和多樣性，也要考慮到各方的舒適度和各種方案的可行性。應設定一個10年到15年實現FTAAP的時間表，並可將其劃分為兩到三個階段，既要考慮到繼續落實茂物目標，又要在茂物目標到期後，繼續將區域經濟一體化進程整體地向更高水準推進。[18]

第四種意見是2004年ABAC的構想，FTAAP「將根據與WTO相一致的原則來建立，並比WTO有關標準更高；其內容包括貨物貿易、服務貿易、投資、貿易便利化、智慧財產權等，是綜合性的新一代自由貿易協定」。這顯然大幅低於2010年「FTAAP的實現途徑」檔所指出的標準，基本上未超過2020年茂物目標的內容。[19]

第五種意見就是「FTAAP的實現途徑」文件所指出的標準，即「不僅將實現傳統意義上的貿易投資自由化，還將更加全面，品質更高，包含和應對下一代貿易投資問題」。顯然，就2020年茂物目標而言，難與其比肩。應當指出，該文件的標準已經比2004年ABAC提出的FTAAP構想高了許多。顯然，這是受到了TPP的影響，有其影子在內。

筆者認為，應該將FTAAP的實施分為低、中、高三個階段，設立程度不同的三個目標，並與茂物目標緊密結合起來，通過APEC自願方式實現。FTAAP的建設不應脫離茂物目標，更不能脫離APEC框架。必須突出

---

[17] 參見何振生（中國臺北APEC研究中心），「APEC進展及未來APEC目標」，載唐國強主編，亞太與東亞區域經濟合作的形勢與建議（北京：世界知識出版社，2013年12月），頁197。

[18] 唐國強、王震宇，「亞太區域經濟一體化的演變、路徑及展望」，載國際問題研究（2014年1月20日），http://www.1think.com.cn/ViewArticle/Article_4ffa4a807c07bcf4b4ef9bfbd2a90c8b_20140217_15341.html。

[19] 有關ABAC的建議詳見陸建人，「評亞太經合組織河內會議」，載張蘊嶺主編，亞太地區發展報告2006（北京：社科文獻出版社，2007），頁26。

發揮APEC在推動亞太區域經濟一體化中的引領作用，通過APEC主導而非TPP主導來實現FTAAP。

首先，建立一個門檻較低的、以傳統內容為主的FTAAP。這不僅符合大多數發展中成員的意願，更為現實，而且通過茂物目標的實施，就可能辦到。這可以作為實現FTAAP的第一階段。只要對2020年茂物目標經過一定的量化和細化，使之在關稅、非關稅和其他領域制訂出的標準能達到或略超WTO，通過各成員新的單邊行動計畫和集體計畫的不斷調整和實施，就能實現之，同時也就實現了FTAAP（第一階段）。這將是很有意義的：這樣一個低門檻的FTAAP在自由化程度上，已經滿足了一般FTA的要求，但APEC採用的卻是非談判的、自願的單邊行動計畫方式，這意味著APEC開創了建立一個區域自由貿易協定的全新方式。

接著，進入第二階段，建立一個「比WTO有關標準更高」的FTAAP，即APEC工商諮詢理事會（ABAC）最早提出的標準，其內容包括貨物貿易、服務貿易、投資、貿易便利化、智慧財產權等，是綜合性的新一代自由貿易協定。需要強調的是，這樣的FTAAP，完全可以通過茂物目標和APEC方式而無需用耗時費力的談判方式來實現。2012年APEC政策支持小組（PSU）提出的評估各成員實現2020年茂物目標而需制訂的IAP（單邊行動計畫）的14個指標已經包括這些內容：(1)關稅、(2)非關稅、(3)服務、(4)投資、(5)標準和一致性、(6)海關程序、(7)智慧財產權、(8)競爭政策、(9)政府採購、(10)監管審查、(11)爭端、(12)商人流動、(13)透明度、(14) RTAs/FTAs。[20] 可以將其進一步細化和量化，難度大的放到後幾年實施。

---

[20] 參見：*2012 PSU Annual Report*，http://publications.apec.org/publication-detail.php?pub_id=1409.

　　第三階段是實現高標準的FTAAP。這至少需要在2020年之後才能啟動。它可以作為「後茂物目標」來實施，即將高標準的FTAAP包括在2020年之後的新的茂物目標之內，但仍然可以採用更新IAP、增添FTAAP所要求的新的領域加上更嚴格，和具有一定約束力的評審的APEC辦法來推動。為此，適當引進一些約束性手段是必要的。2020年之後，APEC將引領亞太地區進入深度經濟一體化，這就是實現高標準的FTAAP階段。這一階段大約需10年，可以初步確立在2030年前實現「FTAAP的實現途徑」文件所指出的標準。

參考書目

宮占奎主編，亞太區域經濟合作發展報告2013（北京：高等教育出版社，2013）。

唐國強主編，亞太與東亞區域經濟一體化形勢與建議（北京：世界知識出版社，2013）。

Panennungi, Maddaremmeng A., *APEC 2020: Multiplepaths to Attain the Bogor Goals, APEC Study Working Paper in Economics and Business*, Volume III, No. 7/2013 (LingKar: APEC Centre University of Indonesia, August 2013).

臺灣在亞太區域經濟整合中的挑戰與因應策略

譚瑾瑜
（臺灣經濟研究院兩岸發展研究中心研究員兼副主任）

摘要

　　臺灣身處亞太地區，亞太區域整合起步雖較其他地區較晚，然而近十年來進展快速，全球美國、中國大陸、日本等前三大經濟體均在亞太地區，使得亞太區域經濟整合後的經濟規模屢創新高。

　　臺灣面對全球及亞太區域經濟整合態勢，除與各國積極洽簽自由貿易協定（FTA）之外，兩岸兩會亦自2008年復談，完成兩岸三通直航、擴大陸客來臺觀光、海峽兩岸經濟合作架構協議（ECFA）、海峽兩岸投資保障和促進協議等21項協議，2013年6月亦進一步完成海峽兩岸服務貿易協議之簽署，兩岸經貿發展因洽簽協議而進一步深化合作。

　　有鑑於全球及亞太區域經濟整合方興未艾，臺灣應採取多軌方式積極融入區域經濟整合。除了全球經貿組織如世界貿易組織（WTO）等應持續關注其最新發展，各區域進行之區域經貿組織應積極表達參與意願，特別是亞太地區的TPP及RCEP等，而雙邊自由貿易協定（FTA）應積極洽詢洽簽的可能性，透過可行性研究及雙邊諮商等方式，積極推動洽簽雙邊FTA，以融入全球區域經濟整合。

關鍵詞：東亞區域經濟整合、跨太平洋夥伴協定（TPP）、區域全面經濟夥伴協定（RCEP）、兩岸服務貿易協議、兩岸貨品貿易協議

壹、前言

　　根據世界貿易組織（WTO）區域貿易協定資料庫（Regional Trade Agreements Information System, RTA-IS）數據，截至2015年4月7日止，全球已有406個區域貿易協定（RTAs）生效實施，其中1995年之後簽訂的區域貿易協定占生效區域貿易協定的82.61％，若進一步觀察10年內（2004年迄今）所生效的區域貿易協定，生效的區域貿易協定占生效區域貿易協定的57.61％。[1] 由上述數據可以發現，1995年WTO成立之後，各國積極簽訂區域貿易協定的事實，且有半數以上是在10年內生效，可以看出近年來各國對於區域貿易協定之重視。

　　此外，大型自由貿易協定（Mega FTAs）成為洽簽主流。美國與歐盟正在推動的跨大西洋貿易與投資夥伴協議（Transatlantic Trade and Investment Partnership, TTIP），包括了28個歐盟國家以及第一大經濟體—美國，占全球GDP比重高達45％，遠遠超過成立許久的歐盟（EU）及北美自由貿易協定（NAFTA）。另以臺灣所處的亞太地區為例，目前談判進入尾聲的跨太平洋夥伴協定（TPP），12個談判國家占全球GDP的比重便高達38％；另區域全面經濟夥伴協議（RCEP），成員占全球GDP比重亦達29％。[2]

　　亞太區域整合起步雖較其他地區較晚，然而近十年來進展快速。以東亞地區為例，目前生效RTA中，81.0％的東亞地區RTAs是在近十年生效，顯示近十年來東亞地區有感於簽署區域貿易協定的重要性，並積極洽簽的

---

[1] 其數據經作者參照以下數據資料庫計算而得。World Trade Organization (WTO), "Regional Trade Agreements Information System: List of all RTAs in force," *World Trade Organization*, http://rtais.wto.org/UI/PublicAllRTAList.aspx, April 22, 2014 accessed。

[2] 均以2012年GDP估算。

事實。[3] 若就經濟規模觀察，美國、中國大陸、日本等前三大經濟體均在亞太地區，使得各國關注亞太區域經濟整合對於全球的影響。

　　臺灣身處亞太地區，鄰近國家為臺灣主要貿易夥伴，面對亞太區域經濟整合態勢，若能掌握趨勢並加以因應，將可在此波區域經濟整合中共享區域自由化之榮景，反之亦然。基於此，本文擬針對臺灣所處的亞太區域經濟整合現況進一步分析，提出臺灣融入區域經濟整合現況，及其在全球區域經濟整合中的挑戰，並提出因應之道。

貳、亞太區域經濟整合現況

一、TPP與RCEP的競合

　　近幾年由12個亞太國家形成的「跨太平洋夥伴協定」（TPP），與由東協加六（ASEAN＋6）所推動的「區域全面經濟夥伴協定」（RCEP），形成亞太區域經濟整合之競合關係。

　　美國積極主導TPP後，TPP成為亞太地區新型態的高規格區域經貿組織，並在2015年10月4日完成簽署。參與談判的TPP參與國包括新加坡、馬來西亞、汶萊、越南、澳洲、紐西蘭、加拿大、墨西哥、秘魯、智利、美國、日本等12國，除了占全球GDP的比重高達38％，事實上，進入TPP，等於是與美、日完成FTA的簽署，因此TPP成為舉足輕重的亞太區域組織。

　　TPP為新型態、高標準的自由貿易協定。依據TPP文本內容，TPP共

---

[3] 數據出處同註1。東亞地區1995年之前生效RTAs僅占東亞地區全部生效RTAs的7.9％，1995年至2004年生效的RTAs則占11.1％。

計30章，[4] 除了貨品貿易、紡織品與成衣、原產地規則等傳統貿易議題之外，事實上亦包含金融服務業、電信、電子商務、勞工、環境、合作和能力建構等新興貿易議題。此外，TPP在貨品貿易及服務貿易開放上採取負面表列方式，開放幅度均較各國WTO程度為優，所有農工產品都納入關稅減讓表減讓範圍之中，關稅自由化比率達99.27%，平均12國農工產品立即降稅比重為87.36%。

TPP的成立，對於成立許久的東協加六造成若干競合作用。基於此，區域全面經濟夥伴協議（RCEP）於2011年11月第19屆東協高峰會提出，參與成員除東協10個會員國外，包括中國大陸、日本、韓國、紐西蘭、澳洲及印度等六國，為人口34億、GDP達18.5兆美元的自由貿易區。第19屆東協高峰會倡議之後，2013年起正式展開談判，預計2015年完成。

2012年11月東協高峰會16國領袖共同發表「啟動RCEP談判聯合聲明」（Joint Declaration on the Launch of Negotiations for the Regional Comprehensive Economic Partnership），正式宣布啟動RCEP談判。聲明重點包括：1.RCEP談判將於2013年開始，並於2015年年底前完成；2.談判遵循「RCEP談判指導原則與目標」。[5] 2013年5月9至13日於汶萊舉行RCEP第一回合談判，會後發表RCEP聯合聲明（RCEP: Joint Statement the

---

[4] TPP章節共計30章，包括初始條款及一般定義、貨品貿易、紡織品和成衣、原產地規則、海關管理及貿易便捷化、食品安全檢驗及動植物防疫檢疫措施 (SPS)、技術性貿易障礙 (TBT)、貿易救濟、投資、跨境服務業、金融服務業、商務人士短期進入、電信、電子商務、政府採購、競爭政策、國營企業及指定的獨佔企業、智慧財產、勞工、環境、合作和能力建構、競爭力和企業促進、發展、中小企業、法規調和、透明度及反貪腐、管理及制度條款、爭端解決、例外、最終條款等。

[5] ASEAN, "Joint Declaration on the Launch of Negotiations for the Regional Comprehensive Economic Partnership," (Nov. 20, 2012), http://www.meti.go.jp/press/2012/11/20121120003/201 21120003-2.pdf.

First Meeting of Trade Negotiating Committee），重點包括：遵循「RCEP談判指導原則與目標」（Guiding Principles and Objectives for Negotiating the Regional Comprehensive Economic Partnership）、對於低度發展之東協國家保有特殊及差別待遇之彈性。[6] 2013年8月19至21日東協於汶萊舉行經濟部長會議，RCEP為主軸之一，2013年9月23至27日在澳洲布里斯本舉行第二回合談判。2014年1月20日至25日則於馬來西亞吉隆坡舉行第三回合談判，第四回合則於2014年3月31日至4月4日中國大陸廣西南寧舉辦，第五回合談判在2014年6月於新加坡舉行，第六回合談判於2014年12月1日至5日在印度新德里舉行，2015年2月9日至13日在泰國曼谷則召開第七回合RCEP談判，2015年6月8日至13日在日本京都舉行第八回合談判，2015年8月3日至8 日在緬甸舉行第九回合談判，第十回合談判於2015年10月12日至10 月16日於韓國舉行。

　　根據「RCEP談判指導原則與目標」，RCEP主要涵蓋的議題包括貨品貿易、服務貿易、投資、經濟與技術合作、智慧財產權、競爭政策、爭端解決等七個議題，[7] 談判迄今已確立將貨品貿易、服務貿易、投資、經濟與技術合作、智慧財產權、爭端解決、競爭政策、金融、通訊、電子商務等議題列入協定範圍，另在貨品貿易方面，RCEP同意協定生效後立即開放65%的產品，生效後10年達成80%，服務貿易部分最終希望列出負面清單，然而過渡期間仍同意成員以正面表列方式提出開放項目。

---

[6] ASEAN, "Regional Comprehensive Economic Partnership (RCEP): Joint Statement the First Meeting of Trade Negotiating Committee," (May 9-11, 2013), http://www10.iadb.org/intal/intalcdi/PE/CM%202013/11582.pdf.

[7] ASEAN, "Guiding Principles and Objectives for Negotiating the Regional Comprehensive Economic Partnership," (Aug. 30, 2012), http://www10.iadb.org/intal/intalcdi/PE/CM%202013/11581.pdf.

　　TPP與RCEP的發展，使得亞太地區區域經濟整合進入新的競合態勢，亞太地區國家亦紛紛選擇加入，目前兩者均參與的亞太國家重疊性高，包括新加坡、馬來西亞、汶萊、越南、澳洲、紐西蘭、日本等，未加入TPP或是RCEP的國家只剩臺灣、北韓與香港，可以看出透過TPP與RCEP的積極推動，亞太地區將更趨經貿自由化。

二、韓國將成為全球第一個同時與美國、歐盟、中國大陸完成FTA的國家

　　韓國於2003年8月擬訂FTA策略路線圖（FTA Road Map），積極與各國洽簽自由貿易協定，戮力簽署自由貿易協定（FTA），已使韓國成為全球少數FTA版圖橫跨歐洲、亞洲及美洲的國家。迄今已生效FTA共有11個，除了與歐洲自由貿易協會（EFTA）、亞太貿易協定（APTA）、東協（ASEAN）、歐盟（EU）等多邊區域貿易協定簽署區域貿易協定之外，另與智利、新加坡、印度、秘魯、美國、土耳其、澳洲等簽署雙邊自由貿易協定，所洽簽的區域貿易協定涵蓋國家已達48個，並已連結歐洲、亞洲及美洲。[8] 目前韓國正在與海灣合作理事會進行談判，若成功簽署，FTA版圖將進一步拓展至非洲。

　　目前韓國積極在亞太地區參與「區域全面經濟夥伴協定」（RCEP）、中日韓FTA、中韓FTA、「跨太平洋經濟夥伴協定」（TPP）等談判，其中又以中韓FTA最受矚目。中韓FTA自2012年5月談判以來，2013年9月結束第一階段談判，達成廢除9成關稅產品比例及8成5進口額比例的共識。2013年11月22日完成第二階段第一回合協商雙方交換部分關稅減讓表，2014年1月10日完成第二階段第二輪談判，已交換所有產品關稅減讓表及超敏感產品（20年後實現開放）清單，韓國超敏感產品以農畜水產品為主，中國大陸則將韓國占優勢製造業產品列為超敏感產品。2015年

6月1日中韓FTA於南韓首爾正式簽署完成，12月20日正式生效，20年後中韓之間將去除九成貨品關稅稅率，逐漸邁向中韓自由貿易區方向前進。除了在20年內雙方實現九成零關稅的目標，韓國著眼於中國大陸轉以服務業為主的產業結構型態，陸韓FTA在服務貿易之市場開放上，則以開放程度較高的負面表列方式開放。中韓FTA生效後，韓國將是全世界第一個同時與美國、歐盟、中國大陸完成FTA的國家。

此外，韓國亦準備考慮加入TPP談判，並於2014年1月中旬與美國、墨西哥、智利、秘魯、馬來西亞和新加坡舉行預備雙邊談判，2014年2月則進一步與日本、加拿大、澳大利亞等國舉行預備雙邊協商，以討論韓國參與TPP的可能性。[9]

韓國積極推動洽簽雙邊及多邊區域貿易協定的作法，已落實韓國成為連結由中國大陸為中心的東亞區域整合市場，以及由美國主導的泛太平洋市場之核心軸角色。[10]

三、中國大陸提出一帶一路路線圖，以連結歐亞大陸做為新區域經濟整合策略

中國大陸在美國倡議推動「跨太平洋夥伴協定」（TPP）之後，面對高標準的TPP，中國大陸認為其經貿開放程度尚不足立即加入TPP。為了

---

[9] 行政院大陸委員會香港事務局商務組，「韓國將與日本等6國舉行TPP預備雙邊協商」，經濟部經貿談判代表辦公室，2014年4月18日，http://www.moea.gov.tw/Mns/otn/content/Content.aspx? menu_id=9885。

[10] 韓國產業通商資源部於2013年6月14日提出新政府通商政策路線圖，做為自由貿易協定新政策，將進一步在FTA政策中加強結合產業利益為主要重點，在既有FTA版圖中，扮演連結由中國大陸為中心的東亞區域整合市場，以及由美國主導的泛太平洋市場之核心軸角色。內容見韓國／駐韓國代表處經濟組，「韓國政府發表新通商路線圖（Roadmap）」，經濟部國際貿易局，2013年7月9日，http://www.trade.gov.tw/Pages/Detail.aspx?nodeid=45&pid=439753。

因應區域經濟整合戰略中所面臨的挑戰，中國大陸推動籌建亞洲基礎設施投資銀行（AIIB，以下簡稱亞投行）之構想，預計在2015年底投入運作，並在2015年3月28日公布《推動共建絲綢之路經濟帶和21世紀海上絲綢之路的願景與行動》（以下簡稱一帶一路路線圖），正式發布一帶一路路線圖。

　　一帶一路策略在2013年便已提出，希望透過絲綢之路經濟帶及21世紀海上絲綢之路，貫穿亞歐非大陸，建構連結東亞經濟圈及歐洲經濟圈的新陸權時代。透過共商共建共享，一帶一路策略將在政策溝通、設施聯通、貿易暢通、資金融通、民心相通等部分加強合作，媒合連結歐亞非大陸所需的資源與需求，達成推進沿線國家發展的目標。

　　中國大陸推動一帶一路區域發展戰略，配合亞投行設立，雖然仍有許多挑戰，然而不可否認地開啟了亞太區域經濟整合新的方向與競合，倘若完全實踐，全球海權時代將轉為新陸權時代。

參、臺灣融入區域經濟整合之現況及挑戰

　　臺灣目前已與巴拿馬、瓜地馬拉、尼加拉瓜、宏都拉斯、薩爾瓦多、紐西蘭、新加坡等完成自由貿易協定之簽署，與中國大陸完成ECFA及海峽兩岸服務貿易協議，並正與多明尼加進行自由貿易協定之談判，以及研議與美國、歐盟、日本、澳洲、加拿大等洽簽之可能性，並積極推動臺灣加入TPP與RCEP等。[11]

---

[11] 國際貿易局，「全球區域經濟整合現況——國家一覽表」，2014年1月22日，http://view.officeapps.live.com/op/view.aspx?src=http%3A%2F%2Fwww.trade.gov.tw%2FAppAshx%2FFile.ashx%3FFilePath%3D%2FFiles%2FPageFile%2F767339851%2F1030122%25e5%2585%25a8%25 e7%2590%2583%25e5%258d%2580%25e5%259f%259f%25e7%25b6%2593%25e6%25bf%259f%25e6%2595%25b4%25e5%2590%2588%25e7%258f%25be%25e6%25b3%2581_%25e7%25b9%25bc%25e7%25ba%258c%25e6%259b%25b4%25e6%2596%25b0%25e7%2589%2588.docx。

　　中國大陸為臺灣第一大貿易地區，自2008年兩岸兩會復談以來，兩岸經貿關係獲致長足進展，不但已完成兩岸三通直航、擴大陸客來台觀光、金融合作、農產品檢疫檢驗、標準計量檢驗認證、智慧財產權保護、醫藥衛生合作、海峽兩岸經濟合作架構協定、海峽兩岸投資保障和促進協議等21項協議及2項共識，2013年6月亦進一步完成海峽兩岸服務貿易協議之簽署。

　　除了完成ECFA及ECFA後續協議之外，臺灣分別於2013年7月10日及11月7日，依序與紐西蘭及新加坡簽署自由貿易協定，兩國均為參與TPP及RCEP談判國家，臺灣與之簽署，有助於臺灣融入亞太區域經濟整合當中。臺紐經濟合作協定（ANZTEC），內容共計25章，係勾勒臺紐之間市場開放原則、法規、臺紐合作及爭端解決等體制的高品質區域貿易協定。臺星經濟夥伴協定（ASTEP）則是我國和東南亞國家中第一個簽署之經濟合作協定，內容共計17章，包括貨品貿易、原產地規則、關務程序、跨境服務貿易、投資、政府採購、技術性貿易障礙、食品安全檢驗與動植物防疫檢疫措施、電子商務、競爭、智慧財產權合作、爭端解決、體制性安排等。

　　臺灣雖然積極與各國洽簽區域貿易協定，然而亞太地區各國亦不遑多讓，使臺灣在區域經濟整合中仍面臨許多挑戰，需要持續戮力推動。表一顯示亞洲區域經濟整合現況，若觀察雙邊自由貿易協定現況，可以發現日本、新加坡已生效的雙邊自由貿易協定最多，與日本簽署雙邊自由貿易協定已生效的國家包括新加坡、馬來西亞、菲律賓、泰國、墨西哥、智利、印尼、汶萊、瑞士、越南、印度、秘魯等；新加坡已與紐西蘭、日本、澳洲、美國、印度、約旦、韓國、巴拿馬、秘魯、中國大陸、哥斯大黎加等完成自由貿易協定之生效。

　　另在多邊區域貿易協定簽署方面，東亞國家幾乎均為RCEP會員國，而參加TPP的國家亦有日本、新加坡、馬來西亞、越南、汶萊、紐西蘭及

澳洲等國，東亞地區中未加入TPP或是RCEP的國家只剩臺灣、北韓與香港，香港已經開始與東協進行談判，臺灣將面臨新一波亞太區域經濟整合逐漸形成的壓力。

若以2013年臺灣出口金額觀察，臺灣出口至TPP會員金額占臺灣總出口金額比重達32.0%，TPP會員中的美國、新加坡、日本、越南、馬來西亞等均為臺灣前十大出口地區；臺灣出口至RCEP會員金額占臺灣總出口金額比重更高達58.8%，RCEP會員中，幾乎囊括臺灣出口前十大地區，包括中國大陸、新加坡、日本、韓國、菲律賓、馬來西亞、越南、馬來西亞及泰國等，除了包含臺灣第一大出口地區——中國大陸之外，亦包含四個東協國家。由上述數據可以明瞭，TPP及RCEP許多會員均為臺灣重要貿易夥伴，對臺灣貿易成長有其重要影響。

此外，若以2012年貿易量觀察可發現，鄰近的新加坡、韓國、日本等國家，2012年的自由貿易協定貿易涵蓋率依序高達88.09%、82.12%、72.27%，臺灣FTA貿易涵蓋率僅9.32%，若再將兩岸貨品貿易協議全納入，FTA貿易涵蓋率亦僅33.66%。臺灣FTA貿易涵蓋率長期低於鄰近東亞國家的結果，體現這幾年臺灣出口產品已經開始面臨關稅障礙壓力的事實，使得以外貿為主要成長動能之一的臺灣，處於再次被邊緣化的威脅。

表1　亞洲區域經濟整合現況

	雙邊自由貿易協定				多邊區域貿易協定			
	已生效	已簽署未生效	談判中	研議中	TPP	RCEP	AFTA	其他已生效
臺灣	8	1	2	5				0
日本	13	1	5	4	●	●		1
韓國	8	5	3	3		●		4
中國大陸	11	3	3	5				2
新加坡	12	1	4	2	●	●	●	3
泰國	6	2	2	5		●	●	0
菲律賓	1	0	0	4		●	●	0
印尼	2	0	3	2		●	●	1
馬來西亞	7	1	1	2	●	●	●	0
越南	2	1	0	0		●	●	0
汶萊	1	0	0	2		●	●	1
緬甸	0	0	0	0		●	●	1
柬埔寨	1	0	0	0		●	●	0
寮國	0	0	0	0		●	●	1
印度	11	1	7	4		●		5
紐西蘭	7	1	3	2	●	●		2
澳洲	8	1	3	2	●	●		1

資料來源：本研究整理。

　　中國大陸現在已為全球第二大經濟體，近年各國均積極與中國大陸洽簽區域貿易協定，中國大陸已與香港、澳門、巴基斯坦、智利、紐西蘭、新加坡、秘魯、哥斯大黎加等洽簽雙邊自由貿易協定並生效，並進一步參與RCEP之推動。此外，中國大陸亦正在與澳洲、海灣合作理事會（GCC）、挪威、南部非洲關稅同盟（SACU）、中日韓FTA等進行談

判。[12] 臺灣雖然已與中國大陸完成海峽兩岸經濟合作架構協議之洽簽，然而ECFA僅為架構協議，完成簽署的海峽兩岸服務貿易協議未生效，攸關貨品貿易關稅調降的海峽兩岸貨品貿易協議亦尚未完成，若不儘速加緊洽簽腳步，將侵蝕ECFA及ECFA後續協議對於臺灣經濟之效益。

韓國近年來戮力簽署區域貿易協定，不但成功拓展經貿版圖，亦降低產品關稅及非關稅障礙，使得促進出口成效顯著。以美韓FTA為例，依據韓國產業通商資源部發表的分析報告顯示，美韓FTA生效兩年，已使韓對美出口成長10.3%，其中享有美韓FTA優惠之貨品出口大幅成長15.7%；另外在外人直接投資（FDI）方面，美韓FTA生效兩年，韓國來自美國之投資成長82.5%，累計美國投資韓國FDI金額占比達24.5%，已成為韓國最大的外來投資國。[13]

韓國出口競爭力因洽簽FTA提升，進一步影響臺韓在全球市場市占率此消彼長。若觀察臺韓在美韓FTA生效後、雙方在美國進口市場占有率之變化可發現，韓國在美國市占率從2012年的2.6%上升至2013年的2.7%，2014年1至2月進一步成長至2.8%；同期間臺灣在美國進口市場占有率則一直維持在1.7%。[14] 韓國受惠於美韓FTA，美韓貿易成長已對臺美貿易造成壓力。

除了在美國市占率已經低於韓國之外，臺灣在世界主要市場的市占率均低於韓國。以2013年為例，臺灣在日本市占率為2.8%，低於韓國的4.3%；臺灣在歐盟市占率為1.3%，低於韓國的2.1%；臺灣在東協六國市占率為5.0%，低於韓國的6.3%。[15]

---

[12] 同註13。

[13] 韓國／駐韓國代表處經濟組，「韓—美自由貿易協定（FTA）生效2週年成果分析」，經濟部國際貿易局，2014年4月18日，http://www.trade.gov.tw/World/Detail.aspx?nodeID=45&pid=46 5533。

[14] 經濟部統計處，「各國在美國進口市場占有率」，經濟統計國際比較電子書，表C-10，2014年4月15日，http://www.moea.gov.tw/Mns/dos/content/ContentLink.aspx?menu_id=6715。

[15] 同註14。

　　中國大陸是臺韓第一大貿易地區，韓國在中國大陸市占率，早於2005年起便超越臺灣，並在近十年間持續呈現彼長我消的趨勢。臺灣在中國大陸市占率自2005年降至11.3％，韓國升至11.6％，兩國在中國大陸市占率差距0.3個百分點，爾後臺灣在中國大陸市占率不但逐年下滑，且與韓國在中國大陸市占率差距愈來愈大。2008年下半年全球金融風暴發生後，2009年臺灣在中國大陸市占率破9％，2011年市占率破8％，2014年首二月更進一步破7％，而臺灣與韓國在中國大陸市占率的差距，則在2014年1、2月擴大至2.3及2.7個百分點，並被美國超越。[16]

　　在中國大陸經濟穩定成長之際，臺灣在其內需市場上節節敗退，從中國大陸第三大進口國降至第四大進口國，韓國卻在這十年間，超越臺灣及日本，從中國大陸第三大進口國揚升至最大進口國。中韓FTA完成簽署，韓國是全世界第一個同時與美國、歐盟、中國大陸完成FTA的國家，可以預見韓國產品不但將持續運用FTA擴張美歐市占率，且進一步在中國大陸市場坐享中韓FTA關稅減讓的好處。

　　臺灣雖然先行與中國大陸洽簽「兩岸經濟合作架構協議」及海峽兩岸服務貿易協議，然而ECFA僅為架構協議，三階段早收清單均已完成開放，仍須儘速完成ECFA後續協議才算完整。惟完成簽署近一年的海峽兩岸服務貿易協議尚未生效之際，2012年5月中韓FTA開啟談判，中韓FTA係為完整的FTA，除了關稅減讓可促進雙方貿易往來之外，尚包含促進雙方服務貿易、投資等效果，ECFA早收清單之經濟效益絕無法與之衡量，加上FTA中的原產地規則，極易使未融入區域整合的國家因而產業斷鏈。對照兩岸貨品貿易協議尚未完成簽署、海峽兩岸服務貿易協議尚未生效，

---

[16] 經濟部統計處，「各國在中國大陸美國進口市場占有率」，經濟統計國際比較電子書，表C-12，2014年4月15日，http://www.moea.gov.tw/Mns/dos/content/ContentLink.aspx?menu_id=6715。

以及中韓FTA洽簽完成，實令人憂心臺灣在臺韓競爭中的處境。

肆、臺灣因應亞太區域經濟整合之策略

　　有鑑於亞太區域經濟整合方興未艾，臺灣又為小型經濟體，貿易自由化對臺灣經濟有利，面對全球區域經濟整合趨勢，臺灣應採取多軌方式積極融入區域經濟整合。除了全球經貿組織如世界貿易組織（WTO）等應持續關注其最新發展，各區域進行之區域經貿組織應積極表達參與意願，特別是亞太地區的TPP及RCEP等，而雙邊自由貿易協定（FTA）應積極詢問洽簽的可能性，透過可行性研究及雙邊諮商等方式，積極推動洽簽雙邊FTA，以融入全球區域經濟整合態勢中。以下提出臺灣面對亞太區域經濟整合進展之因應策略，作為政府擬定政策之參考。

一、積極加入TPP，融入亞太區域經濟整合

　　由於跨太平洋經濟夥伴關係協定（TPP）為新型態高標準的區域貿易協定，臺灣應繼續研議參與跨太平洋經濟夥伴關係協定（TPP），作為臺灣重要的開放布局策略，並將重點放在藉由檢視TPP各會員國相關FTA自由化的程度，作為進一步鬆綁臺灣經貿法規的標準，做好開放市場的準備。此外，為提高臺灣儘早加入TPP之機率，臺灣應積極掌握大陸加入TPP之意願及相關因應措施。

二、儘速推動臺灣加入RCEP，推動以外部經濟夥伴方式直接加入RCEP
##　　多邊談判，為最短路徑為目標

　　臺灣應積極融入亞太區域經濟整合，拓展國際經貿空間，任何機會都應把握，RCEP亦不例外。RCEP以五個東協加一合併為其主要目標，為東亞地區重要的區域貿易協定，目前正積極進行16個會員體的談判，臺灣為

東亞一員，RCEP會員體均為臺灣重要貿易夥伴，不加入將衍生新一波邊緣化危機。

　　RCEP開放其他外圍經濟夥伴於RCEP完成談判之後加入，倘若RCEP內部並無阻撓臺灣進入RCEP的反對力量，臺灣將有可能在RCEP談判完成後，透過RCEP加入東亞區域整合之中。因此，臺灣應掌握RCEP談判完成後之外部經濟夥伴參與條款之發展，推動以外部經濟夥伴方式直接加入RCEP多邊談判，為最短路徑為目標。

三、儘速與TPP及RCEP參與國推動雙邊FTA談判

　　臺灣雖然已與同時參與TPP及RCEP的新加坡及紐西蘭完成自由貿易協定之簽署，然而為了儘速加快臺灣融入區域經濟整合的腳步，仍應儘速繼續與TPP及RCEP參與國推動雙邊FTA，透過簽署雙邊自由貿易協定方式，使國內經貿法規與國際接軌，有助於提高臺灣加入TPP及RCEP的機會。

四、海峽兩岸服務貿易協議儘速生效，海峽兩岸貨品貿易協議儘速簽署完成，持續深化兩岸經濟合作

　　中國大陸為韓國FTA政策中之重要簽署對象，目前中韓FTA已生效，加上中國大陸—東協自由貿易區為RCEP參照的五個ASEAN＋1之一，也是RCEP經濟規模最大的會員。臺灣應把握與中國大陸已經完成的ECFA，並加快ECFA後續談判腳步，儘速完成海峽兩岸服務貿易協議之生效及海峽兩岸貨品貿易協議之簽署，降低臺灣經濟受到未加入RCEP及中韓FTA的負面衝擊。

　　此外，應積極進行深化兩岸經濟合作，包括利用兩岸經合會既有機制，持續去除兩岸貿易及非貿易障礙；重新檢視大陸已簽署之FTA開放內容，以及CEPA已開放之服務貿易內容，積極爭取開放大陸市場給臺灣；

建立兩岸貨品貿易及服務貿易障礙反應機制，協助廠商利用海峽兩岸服務貿易協議，及即將簽署的海峽兩岸貨品貿易協議，拓展大陸市場，降低廠商單打獨鬥所遇到的市場風險；有鑑於試點合作是大陸進行政策開放及產業合作時常採行的措施，爭取擴大試點業別及試點區域，擴大兩岸產業合作等。

五、尋求兩岸共同參與全球及東亞區域經濟整合的可行途徑，一同融入亞太區域經濟整合，擴大國際經貿空間

　　兩岸深化經濟合作有利兩岸拓展國際經貿市場，提升兩岸產業競爭力，兩岸應持續促進兩岸經貿正常化與自由化，並利用兩岸經濟合作，進一步尋求共同融入全球及東亞區域經濟整合的途徑，如RCEP、TPP等，擴大國際經貿空間。

六、推動臺灣加入亞投行，兩岸共同參與一帶一路

　　因應中國大陸新區域經濟整合策略，臺灣應當推動加入亞投行，找尋一帶一路商機，除了參與一帶一路基礎建設的機會之外，臺灣將有機會進入亞投行資金互聯體系，參與國際聯貸，有助於銀行走出國門、走入亞洲、走向世界。

　　此外，兩岸經濟合作已有一定基礎，一帶一路策略中的海上絲綢經濟帶亦與東南亞國家息息相關。臺灣應重啟南向政策，以過往投資東南亞的經驗為基礎，提供臺商投資當地誘因，並有計畫善用臺灣新住民，提高臺灣與東南亞經濟合作機會。

　　除了掌握21世紀海上絲綢之路的沿海建設之外，兩岸可進一步研擬兩岸參與一帶一路的路徑，經濟部及外貿協會等可研擬臺商搭便車拓展中亞市場的可能性，尋找一帶一路商機。

伍、結語

　　臺灣主要貿易夥伴集中於亞太地區，在此亞太區域經濟整合如火如荼之際，臺灣若不積極融入，對於臺灣產業國際競爭力將造成一定的衝擊。面對此一趨勢，政府應儘速採取多軌並行方式，融入亞太區域經濟整合。除了全球經貿組織，如世界貿易組織（WTO）等應持續關注其最新發展，各區域進行之區域經貿組織應積極表達參與意願，特別是TPP及RCEP等，而雙邊自由貿易協定（FTA）應積極詢問洽簽的可能性。透過可行性研究及雙邊諮商等方式，積極推動洽簽雙邊FTA，以融入全球區域經濟整合態勢中。

　　此外，有鑑於中國大陸為全球第二大經濟體、臺灣第一大貿易地區、RCEP成員，以及東亞地區國家積極洽簽FTA的主要對象之一，臺灣應持續促進兩岸經貿正常化與自由化，並利用兩岸經濟合作，尋求兩岸共同參與全球及東亞區域經濟整合的可行途徑，一同融入亞太區域經濟整合，擴大國際經貿空間，提升臺灣融入亞太區域經濟整合的可能性。

　　最後，針對中國大陸所提出的一帶一路新區域經濟整合發展策略，臺灣應當關注歐亞大陸因一帶一路策略加深經貿連結的可能性，並對於發展中的新陸權趨勢預做準備。除了掌握21世紀海上絲綢之路的沿海建設之外，兩岸可進一步研擬兩岸參與一帶一路的路徑，積極推動臺灣參與亞投行，借重臺灣已有的兩岸經濟合作基礎，尋求一帶一路商機。

參考書目

中文部分

行政院大陸委員會香港事務局商務組，「韓國將與日本等6國舉行TPP預備雙邊協商」，經濟部經貿談判代表辦公室，2014年4月18日，http://www.moea.gov.tw/Mns/otn/content/Con tent. aspx?menu_id=9885。

林祖嘉、譚瑾瑜，「2014兩岸經貿關係展望」，兩岸經貿月刊（2014年1月）。

商務部，「『區域全面經濟夥伴關係協定』第四輪談判在廣西南寧圓滿結束」，商務部新聞辦公室，2014年4月4日，http://www.mofcom.gov.cn/article/ae/ai/201404/20140400541040. shtml。

國際貿易局，「全球區域經濟整合現況──國家一覽表」，2014年1月22日，http://view. officeapps.live.com/op/view.aspx?src=http%3A%2F%2Fwww.trade. gov.tw%2FApp_ Ashx%2FFile.ashx%3FFilePath%3D..%2FFiles%2FPageFile%2F767_339851%2F1030122_%2 5e5%2585%25a8%25e7%2590%2583%25e5%258d%2580%25e5%259f%259f%25e7%25b6% 2593%25e6%25bf%259f%25e6%2595%25b4%25e5%2590%2588%25e7%258f%25be%25e6% 25b3%2581_%25e7%25b9%25bc%25e7%25ba%258c%25e6%259b%25b4%25e6%2596%25b0 %25e7%2589%2588.docx。

經濟部統計處，「各國在中國大陸美國進口市場占有率」，經濟統計國際比較電子書，表C-12，2014年4月15日，http://www.moea.gov.tw/Mns/dos/content/ContentLink.aspx?menu_ id=6715。

經濟部統計處，「各國在美國進口市場占有率」，經濟統計國際比較電子書，表C-10，2014年4月15日，http://www.moea.gov.tw/Mns/dos/content/ContentLink.aspx?menu_id=6715。

駐新加坡代表處，「新加坡媒體有關TPP貿易部長會議將續會商」，2013年12月11日，http:// www.moea.gov.tw/Mns/otn/content/Content.aspx?menu_id=9771。

韓國／駐韓國代表處經濟組，「韓－美自由貿易協定（FTA）生效2週年成果分析」，經濟部國際貿易局，2014年4月18日，http://www.trade.gov.tw/World/Detail.aspx?nodeID=45&pid=46

5533。

韓國／駐韓國代表處經濟組，「韓國政府發表新通商路線圖（Roadmap）」，經濟部國際貿易局，2013年7月9日，http://www.trade.gov.tw/Pages/Detail.aspx?nodeid=45&pid=439753。

譚瑾瑜，「建構兩岸在一帶一路中的合作路徑」，兩岸協同創新論壇—兩岸經濟制度化合作成效與展望（廈門：廈門大學臺灣研究中心及兩岸關係和平發展協同創新中心，2015年7月23日），頁1-11。

譚瑾瑜，「因應區域經濟整合新戰略」，經濟部經新聞，2015年7月7日。

譚瑾瑜，「『一帶一路』與『亞投行』戰略下臺灣因應之道」，交流雙月刊，第141期（2015年6月），頁28～31。

譚瑾瑜，「臺灣加入亞投行的經濟意涵」，台胞好康月刊（2015年5月）。

譚瑾瑜，「以RCEP做為兩岸共同參與區域經濟整合的灘頭堡」，台胞好康月刊（2015年2月）。

譚瑾瑜，「RCEP現況及臺灣因應之道」，中央日報網路報，2012年12月14日。

譚瑾瑜，「RCEP及東協—香港FTA之推動及啟示」，中央日報網路報，2013年10月17日。

譚瑾瑜，「TPP第十六回合進展及臺灣因應之道」，中央日報網路報，2013年3月22日。

譚瑾瑜，「亞太區域整合現況下臺灣因應策略」，台胞好康月刊，2013年10月。

譚瑾瑜，「突破障礙 為加入TPP做好準備」，中央日報網路報，智庫論壇，2012年7月3日。

英文部分

ASEAN, "Guiding Principles and Objectives for Negotiating the Regional Comprehensive Economic Partnership," (Aug. 30, 2012), http://www10.iadb.org/intal/ intalcdi/P E/CM%202013/11581. pdf.

ASEAN, "Joint Declaration on the Launch of Negotiations for the Regional Comprehensive Economic Partnership," (Nov. 20, 2012), http://www.meti.go.jp/press/2012/11/20121120003/20121120003-2. pdf.

ASEAN, "Regional Comprehensive Economic Partnership (RCEP): Joint Statement the First Meeting of Trade Negotiating Committee," (May 9-13, 2013), http://www10. iadb.org/intal/intalcdi/ PE/ CM% 202013/11582.pdf.

Office of the United States Trade Representative Executive Office of the President, "Enhancing Trade and Investment, Supporting Jobs, Economic Growth and Development: Outlines of the Trans-Pacific Partnership Agreement," *USTR Fact Sheet on Trans-Pacific Partnership Agreement Outline* (Nov. 13, 2011), http://iipdigital.usembassy.gov/st/english/texttrans/2011/11/2011111320 2959su0.4597829.html#axzz2zhEoXwXM.

World Trade Organization (WTO), "Regional Trade Agreements Information System: List of all RTAs in force," *World Trade Organization*, http://rtais.wto.org/UI/PublicAllRTAList.aspx, April 22, 2014 accessed.

論 壇 21

東亞區域經濟整合與韓中FTA挑戰

主　　　編　　陳德昇

發 行 人　　張書銘
出　　　版　　**INK** 印刻文學生活雜誌出版有限公司
　　　　　　　新北市中和區中正路800號13樓之3
　　　　　　　電話：(02) 2228-1626　　　　　傳真：(02) 2228-1598
　　　　　　　e-mail：ink.book@msa.hinet.net
　　　　　　　網址：http://www.sudu.cc
法 律 顧 問　　巨鼎博達法律事務所　施竣中律師

總 經 銷　　成陽出版股份有限公司
　　　　　　　電話：(03) 358-9000（代表號）　傳真：(03) 355-6521
郵 撥 帳 號　　19000691 成陽出版股份有限公司
製 版 印 刷　　海王印刷事業股份有限公司
　　　　　　　電話：(02) 8228-1290

港澳總經銷　　泛華發行代理有限公司
地　　　址　　香港新界將軍澳工業駿昌街7號2樓
　　　　　　　電話：(852) 2798-2220　　　　　傳真：(852) 2796-5471
　　　　　　　網址：www.gccd.com.hk

出 版 日 期　　2015年12月
定　　　價　　280元
ISBN　978-986-387-071-5

國家圖書館出版品預行編目（CIP）資料

> 東亞區域經濟整合與韓中FTA挑戰 / 陳德昇主編.
> -- 新北市：INK印刻文學, 2015.12
> 　　240面；17×23公分. --（論壇；21）
> 　　ISBN 978-986-387-071-5（平裝）
>
> 　1.區域經濟　2.區域整合　3.文集　4.東亞
>
> 552.307　　　　　　　　　　　104024501